UNIFORMEN EUROPÄISCHER ARMEEN

Schriften des Armeemuseums der DDR
und des Militärgeschichtlichen Instituts der DDR

GERHARD FÖRSTER · PETER HOCH
REINHOLD MÜLLER

Uniformen europäischer Armeen

FARBTAFELN
VON RALF SWOBODA

MILITÄRVERLAG
DER DEUTSCHEN DEMOKRATISCHEN
REPUBLIK

INHALT

VORBEMERKUNG

Die vorliegende Auswahl von Uniformen europäischer Armeen will Entwicklungslinien von deren Uniformierung verdeutlichen sowie wichtige Momente des Zusammenhangs mit der Bewaffnung und Ausrüstung erhellen. Bei der Breite und Vielfältigkeit des Gegenstands mußte von vornherein Mut zur Lücke aufgebracht werden. Selbst Wichtigem konnte oft nur wenig oder andeutungsweise Aufmerksamkeit geschenkt werden. Es wurde deshalb versucht, sich auf Wesentliches zu beschränken, auch wenn dies mit Vereinfachungen verbunden war; denn nicht in erster Linie der Spezialist, sondern ein breiter Leserkreis soll angesprochen werden.

Die Autoren und der Zeichner danken allen Institutionen und Helfern, die das Zustandekommen der vorliegenden Publikation mit Rat und Tat gefördert haben, besonders dem Armeemuseum der DDR, der Militärbibliothek der DDR, dem Militärgeschichtlichen Institut der DDR, dem Militärverlag der DDR und dem Institut für Denkmalpflege in Dresden.
Herzlich gedankt sei auch Magazinmeisterin Irmgard Ebert und Restauratorin Christel Mättig für ihre hilfreiche Unterstützung.
Der Dank gilt schließlich allen, die freundliche wie kritische Hinweise gaben, welche in der vorliegenden, leicht berichtigten Auflage berücksichtigt werden konnten.

UNIFORMGESCHICHTLICHE EINFÜHRUNG

Von der Kriegstracht zur Uniform

Vergleicht man Bilder von Schlachtszenen des Dreißigjährigen Krieges mit solchen von Kriegen der ersten Hälfte des 18. Jahrhunderts oder späterer Zeiten, wird man über einen Unterschied kaum hinwegsehen können: Die Vielfalt in Form und Farbe der Soldatentracht des Dreißigjährigen Krieges (Tafeln 1, 2) ist einer zwar ebenfalls farbigen, aber der Form nach einheitlichen Bekleidung (Tafeln 7, 8, 9, 13, 14, 15) gewichen, die den Truppenkörpern ein homogenes und im wahrsten Sinne uniformes Aussehen verleiht. Die Kriegstracht hatte der Uniform Platz gemacht.

Seitdem sich die Klassengesellschaft herausgebildet hatte und mit dieser Krieg und Armee als sozialpolitische Erscheinung anzutreffen waren, kamen die verschiedensten Kriegstrachten auf, um nach einer gewissen Zeit immer wieder anderen Platz zu machen. Die militärische Bekleidung sollte gegen Wetter und Waffenwirkung schützen und den eigenen Waffengebrauch unterstützen. Sie richtete sich daher in der Regel nach der Bewaffnung und war verschiedentlich sogar Bestandteil dieser, so bei den Ritterheeren des Hochmittelalters. Neben einer schützenden und unterstützenden Funktion erfüllte die Kriegstracht auch eine symbolische, beispielsweise wenn sie der Gegner für ein Zeichen nahm, das ihm Respekt einflößte, wenn also mit ihr eine moralische Wirkung erzielt werden konnte und sollte. Symbol war sie auch, wenn sie ihre Träger von der Masse der Bevölkerung abhob oder im Gefecht die eigenen von den gegnerischen Truppen.

Von militärischen Uniformen oder von Uniformierung kann man erst seit der zweiten Hälfte des 17. Jahrhunderts sprechen (Tafeln 3, 4, 5, 6, 10, 11), obgleich auch schon vordem militärische Formationen einheitlich gekleidet worden sind. Erinnert sei an die in den betreffenden Wappenfarben gekleideten Wachen mittelalterlicher Städte, an die Leibgarden der Fürstenhäuser oder an königliche Haustruppen. Die gleich aussehende, die uniforme Bekleidung größerer Truppenkörper kam erst in der zweiten Hälfte des 17. Jahrhunderts mit den stehenden Heeren als Repräsentanten bewaffneter feudalabsolutistischer Macht auf.

Ihren Ausgang haben diese Veränderungen in der weltpolitischen Entwicklung seit Mitte des 17. Jahrhunderts. Seit der englischen bürgerlichen Revolution von 1642 bis 1649 und dem Ende des Dreißigjährigen Krieges 1648 begann sich in Europa in einem langen Prozeß das Kräfteverhältnis zwischen Manufakturbürgertum und Feudaladel allmählich zugunsten des Bürgertums zu verändern. Dem bürgerlichen Lager, repräsentiert durch die Niederlande und England, stand die feudale Staatenwelt gegenüber, in der sich bedeutende machtpolitische Veränderungen vollzogen. Frankreich stieg zur führenden Feudalmacht in West- und Mitteleuropa auf. Während Spanien, Schweden und Polen ihre bisherige Machtstellung einbüßten, rückten Rußland, Österreich und Preußen zu Großmächten auf.

Im Schoße der Feudalgesellschaft wuchsen kapitalistische Produktionsverhältnisse heran und erstarkte das Manufakturbürgertum. Dies führte in den fortgeschrittenen europäischen Feudalstaaten zu einer Klassenkonstellation, die es der vom Monarchen repräsentierten Staatsmacht ermöglichte, als «scheinbare Vermittlerin» zwischen Bürgertum und Adel aufzutreten. Die absolutistische Herrschaft zentralisierte und vereinheitlichte den Behördenapparat. In diesem Prozeß wurden auch die zeitweilig aufgestellten Söldnerformationen durch eng an den feudalen Herrscher gebundene stehende Söldnertruppen ersetzt. Die entstehenden kapitalistischen Manufakturen im Hütten- und im Textilwesen sowie in den metall- und textilverarbeitenden Gewerben ermöglichten es, die aufkommenden stehenden Heere billiger und einheitlicher mit Waffen und anderen Kampfmitteln, besonders auch mit Bekleidung, zu versorgen, als die Handwerkerzünfte bislang gekonnt hatten.

Die manufakturkapitalistische Entwicklung im allgemeinen, neue Erfindungen und die Herausbildung stehender Heere im besonderen bahnten in der Bewaffnung und Ausrüstung sowie in der Taktik bedeutende Veränderungen an. Das um die Mitte des 17. Jahrhunderts erfundene Steinschloßgewehr (Tafel 3) verdrängte allmählich das Luntenschloßgewehr (Tafel 1). Seine verbesserte Zündung – die brennende Lunte wurde durch den Feuerstein ersetzt – und die Verwendung von Papierpatronen sorgten für eine größere Feuergeschwindigkeit. Ungeachtet dessen blieben die ballistischen Leistungen und die Treffgenauigkeit der Feuerwaffen noch gering. Das aufkommende Bajonett machte in Kombination mit dem Gewehr (Tafel 13) die lange Pike überflüssig, wenngleich es auch nicht so wirksam war wie diese und die Infanterie gegen plötzliche Kavallerieangriffe häufig des Schutzes seitens der eigenen Kavallerie bedurfte. In der zweiten Hälfte des 17. Jahrhunderts ging

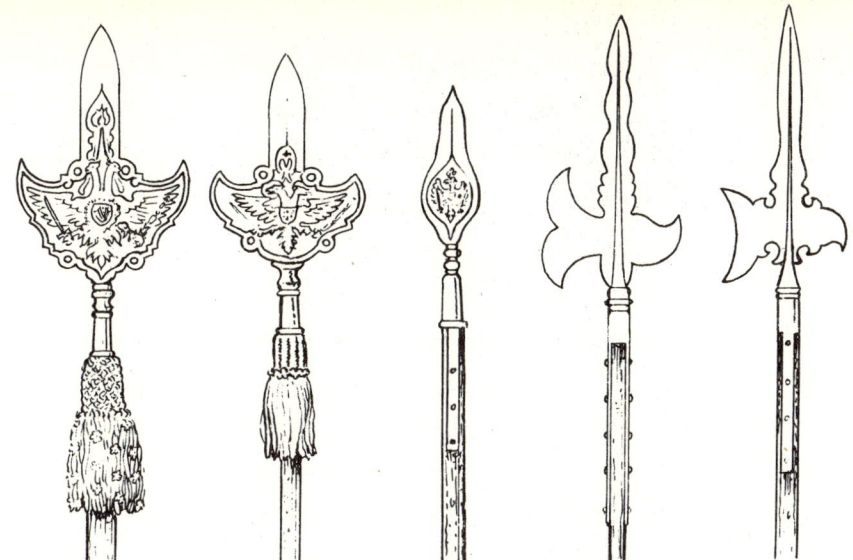

Kurzgewehre
der Infanterie

die Zahl der Pikeniere in den Heeren ständig zurück, während die Zahl der Musketiere zunahm. Zu Beginn des 18. Jahrhunderts war die Pike abgeschafft. Damit entfiel die Notwendigkeit, die Infanterie mit einer besonderen Schutzausrüstung zu versehen, aber auch, weil diese gegen die Durchschlagskraft der Steinschloßgewehre wenig vermochte.

Das Bajonett war im letzten Jahrzehnt des Dreißigjährigen Krieges erfunden worden. Dennoch dauerte es bis Ende des 17. Jahrhunderts, ehe daraus eine allgemein gebräuchliche und handliche Waffe wurde. Hieraus ist zu ersehen, daß derzeit die Entwicklung von Bewaffnung, Ausrüstung, Bekleidung, Organisation und Taktik verhältnismäßig langsam und stetig verlief, so daß alte und neue Waffen und Organisationsformen längere Zeit gleichzeitig anzutreffen waren.

Das war auch bei der Kavallerie der Fall. Sie bestand meist aus der schweren Kavallerie, den Kürassieren (Tafel 16), bewaffnet mit schweren Hiebwaffen, Pistolen und kurzen Gewehren (Karabinern), und den Dragonern (Tafel 17/Figur 1), vielfach zunächst eine Art berittener Infanterie, das heißt, im Gefecht zu Fuß kämpfend. Als erste reguläre Kavallerietruppen trugen die Dragoner überhaupt keine Schutzausrüstung mehr. Aber auch die Kürassiere legten im Verlauf des 17. Jahrhunderts von ihrer Schutzausrüstung einen Teil nach dem anderen ab, so daß zu Beginn des 18. Jahrhunderts von ihrer einstigen Rüstung (Tafel 2/Figur 2) nur noch die Sturmhaube und der auf den Schutz von Rücken und Brust reduzierte Küraß (Tafel 12/Figur 1) geblieben waren.

Um die Wende des 17. zum 18. Jahrhundert verlor die Artillerie endgültig ihren zünftlerischen Charakter und ging in die Armeen als vollwertige Waffengattung ein. Viele Erfindungen und Verbesserungen hatten sie zu einer gefürchteten Waffe mit beträchtlicher Feuerkraft werden lassen. Gewichtsverminderte Rohre auf speziellen Lafetten förderten ihre Beweglichkeit und die Trennung in leichte und schwere, in Feld- und Belagerungsartillerie.

Die stehenden Heere vereinten in sich die Waffengattungen Infanterie, Kavallerie und Artillerie (Tafel 6). Mit der Differenzierung ihrer Waffenarten und ihrer taktischen Einsatzmethoden unterschieden sich diese Waffengattungen noch einmal in Spezialgattungen, die wiederum kleidungsmäßig kenntlich zu machen waren, um sie auf dem Schlachtfeld auseinanderhalten zu können.

Zu den Machtinstrumenten des Absolutismus gehörte das stehende Heer ebenso wie die staatliche Bürokratie und die Landeskirche. Eng an die Krone gebunden, diente es dem Monarchen dazu, die Macht des Feudaladels zu sichern und die Eroberungspläne der herrschenden Feudalklasse zu verwirklichen. Die Krone suchte auch äußerlich die enge Bindung des Heeres an das absolute Königtum durch einheitliche Bekleidung und bestimmte Symbole zum Ausdruck zu bringen. Da sich das Königtum absolut auch in der Uniformgestaltung gab, lassen sich an dieser oft die Regierungsperioden der einzelnen Monarchen ablesen. Die erste für alle gleichermaßen verbindliche Uniform finden wir 1645 bei der englischen Revolutionsarmee unter Cromwell. Das Scharlachrot ihrer Röcke wurde fortan zur Grundfarbe vieler englischer Uniformen (Tafel 6).

Wesentliche Impulse für die Uniformierung gingen von der Militärmacht der feudalabsolutistischen französischen Monarchie aus, die unter Ludwig XIV. begann, ein weitgespanntes machtpolitisches Eroberungsprogramm zu verwirklichen. Sie schuf dazu ein starkes stehendes Heer, in dem sich zwischen 1670 und 1680 der allgemeine Gebrauch von Uniformen einbürgerte. Bei der Kavallerie trugen die Dragoner ab 1676 rote oder blaue Röcke (Tafel 4/Figur 3). Die schwere Kavallerie war seit 1690 mit grauen Röcken ausgestattet, die meist blaue oder rote Aufschläge hatten (Tafel 4/Figur 2). Die Regimenter des Königs und der Prinzen trugen Uniformen in Blau und Rot (Tafel 3/Figur 3). Die französische Infanterie wurde nach und nach mit grauen Röcken (Tafel 3/Figur 1) bekleidet. Die ausländischen Regimenter des französischen Heeres behielten ihre traditionellen Farben bei. So trugen die Schweizer und Iren Rot.

Sachsen, Rock für Mannschaften
des Infanterieregiments Brühl, 1741

Sachsen, Rock für Mannschaften
der Leibgrenadiergarde, 1832

Das schwedische Heer wurde bereits um die Mitte des 17. Jahrhunderts uniformiert. Die Merkmale der Uniformen waren wie in anderen Heeren noch sehr allgemein und großzügig gehalten. Die Farbe der Röcke oder der Jacken sowie der Hosen richtete sich nach den Wappenfarben der Landschaft, aus der die Mannschaft kam. Es kam als Folge dessen zu sehr unterschiedlichen Farbzusammenstellungen, ehe am Ende des 18. Jahrhunderts Blau als Grundfarbe verordnet wurde (Tafel 5/Figuren 1, 2).

Wesentliche Anstöße erhielt die Uniformentwicklung durch die Bekleidung ost- und südosteuropäischer militärischer Formationen. Insbesondere die militärische Bekleidung der slawischen Völker und der Ungarn wies viele Besonderheiten auf, deren modischer Reiz und praktische Zweckmäßigkeit unübersehbar waren. Die leichte Kavallerie der Ungarn und Kroaten genoß einen legendären Ruf. Die kroatischen leichten Reiter (Tafel 8/Figur 1) und die ungarischen Husaren (Tafel 8/Figur 3) trugen pelzbesetzte, spitze Tuchmützen, die oft mit einem Stutz verziert waren, lange Kaftane in kräftigen Farben, die mit geflochtenen Schlaufen und hölzernen Knebeln über der Brust geschlossen wurden, dazu rote oder gelbe Lederstiefel. Sie waren mit Lanze, Krummsäbel und Pistole bewaffnet. Die polnische leichte Kavallerie (Tafel 8/Figur 2) führte die gleichen Waffen. Zur Kopfbedeckung hatte sie eine pelzbesetzte Mütze mit viereckigem Hutkopf. Diese sogenannte Chapska (Tschapka) diente später als Vorbild für die Kopfbedeckung der Ulanen.

Auch andere europäische Länder nahmen beim Aufbau der eigenen die ost- und südosteuropäische leichte Kavallerie zum Vorbild. Vielfach wurden polnische, kroatische und ungarische Reiter angeworben, damit sie dem betreffenden Dienstherrn den Grundstein für die Herausbildung einer leichten Kavallerie legten.

Das äußere Bild der russischen Streitkräfte der zweiten Hälfte des 17. Jahrhunderts wurde von den Strelitzen (Tafel 7/Figur 1) bestimmt. Sie waren in Regimenter gegliedert, die sich durch die Farbe ihrer fast bis zum Boden reichenden Kaftane unterschieden. Sie trugen farbenprächtige pelzbesetzte spitze Stoffmützen sowie rote, gelbe oder grüne Stiefel.

Die Reformen Peters I. leiteten um die Wende des 17. zum 18. Jahrhundert mit dem Aufbau einer regulären Armee eine Neuordnung des Heerwesens ein. Das Bekleidungsreglement von 1720 schrieb für alle Regimenter der jeweiligen Waffen- bzw. Truppengattung die gleiche Grundfarbe vor. Für die Infanterie war es das für russische Uniformen hinfort charakteristische Dunkelgrün (Tafel 26/Figur 3).

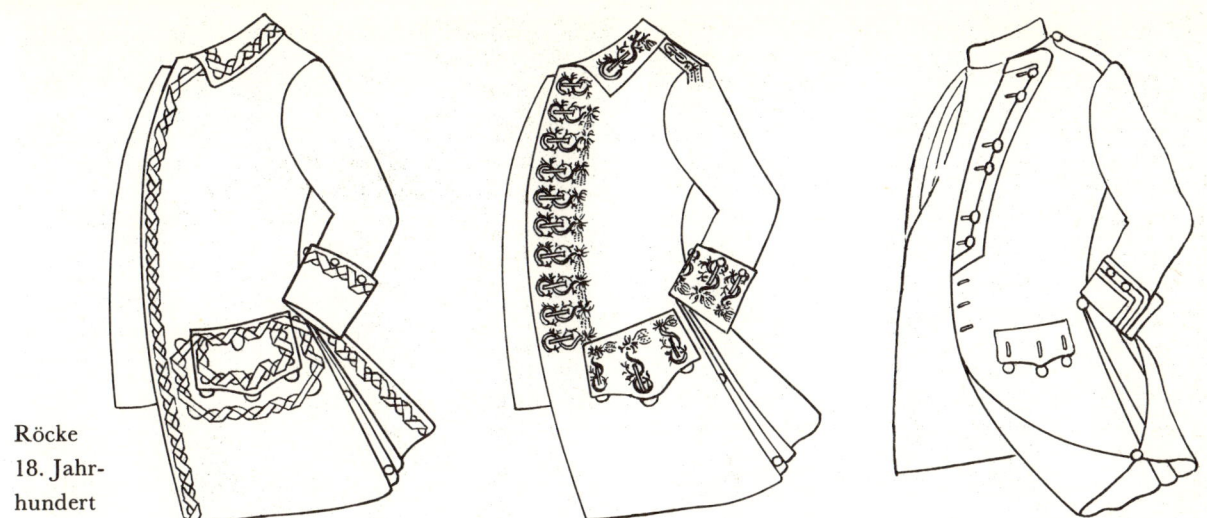

Röcke 18. Jahrhundert

Das reorganisierte russische Heer setzte der schwedischen Vorherrschaft im baltischen Raum militärisch ein Ende und bewies in der Schlacht bei Poltawa im Juni 1709 seine Kriegstüchtigkeit. Das österreichische Heer ging, unterstützt von polnischen und von Reichstruppen des Heiligen Römischen Reiches Deutscher Nation, zur Offensive gegen die Aggression des türkischen Feudalstaates über. Nachdem sie 1683 den türkischen Angriff auf Wien zurückgeschlagen hatten, errangen die verbündeten Heere 1697 bei Zenta und 1717 bei Belgrad vielbeachtete Siege. Das österreichische Heer nahm rasch an Zahl zu, aber seine Bekleidung war noch äußerst bunt, obgleich die Tendenz zur grauen Grundfarbe überwog. 1707 schließlich wurde Grau als Farbe der Uniformröcke für die Infanterie verordnet (Tafel 9/Figur 2).

War auch Österreich bis Mitte des 18. Jahrhunderts militärische Hegemonialmacht im römisch-deutschen Reich, galt das Wort des Kaisers in den mehr als 300 staatlichen Territorien, Reichsstädten und selbständigen Gebieten immer weniger. Die Kurfürsten von Brandenburg schufen im 17. Jahrhundert wichtige Voraussetzungen für den späteren Aufstieg Preußens zu einer europäischen Militärmacht. Dagegen hatten Bayern, Sachsen, Hessen, die Kurpfalz und die braunschweigischen Herzogtümer seit dem Dreißigjährigen Krieg an militärischer Bedeutung eingebüßt. Die feudale Zersplitterung im Heiligen Römischen Reich Deutscher Nation widerspiegelte sich auch in der Vielfalt der Uniformen, insbesondere von deren Farben und Abzeichen.

Großbritannien, Waffenrock für Mannschaften (Korporal) des Borderregiments (Infanterieregiment Nr. 34), 1897

Großbritannien, Waffenrock für Mannschaften der Gardegrenadiere, 1900

Der bunte Rock der Könige

An der Wende des 17. zum 18. Jahrhundert hatte sich die Uniform als militärische Bekleidung allgemein durchgesetzt. Sicherlich bedarf es oft viel Phantasie, die in den verschiedensten Reglements, Zirkularen und Befehlen verordnete Uniform in der tatsächlich getragenen wiederzuerkennen. Eigenwille der Regimentsinhaber, passive Resistenz des Offizierskorps und die Zählebigkeit bereits Tradition gewordener Uniformteile erwiesen sich häufig stärker als alle kaiserlichen oder königlichen Verordnungen.

Beinahe regelmäßig beklagten sich die Inhaber der obersten Kommandogewalt und ihre zentralen Militärinstanzen über die vielfältigen Abweichungen von der verordneten Uniform. Aber hier halfen auch keine noch so energischen Befehle und drakonischen Strafandrohungen. Der chronische Geldmangel in den Heereskassen vereitelte oft alle Vereinheitlichungsbemühungen. Die Manufakturen oder Handwerksbetriebe waren in vielen Fällen nicht in der Lage, die Uniformstoffe und Bekleidungsteile gleichaussehend zu färben. Die Soldaten griffen zur Selbsthilfe und änderten unbequeme und unpraktische Uniformstücke häufig selbst. Das österreichische Generalkriegskommissariat zum Beispiel konnte die Soldaten nicht daran hindern, die Mängel unzweckmäßiger Uniformteile wenigstens zu mildern. Ähnlich ging es auch in anderen Armeen zu.

Nicht selten bekamen die Kommandeure die Auswüchse der feudalen Militärbürokratie zu spüren. Das österreichische Generalkriegskommissariat tadelte 1754 einen Regimentskommandeur, weil dieser eine Adjustierungsnorm von 1753 prompt befolgt hatte, die jedoch noch schneller widerrufen worden war.

Die Hauptursache der vielen Abweichungen von der genormten Uniform ist in der feudalen Regimentswirtschaft zu suchen, die den Regimentskommandeuren und Kompaniechefs die Möglichkeit bot, das, was an Ausgaben für Uniformen eingespart wurde, in die eigene Tasche zu wirtschaften.

Konnte selbst in vielen Regimentern zunächst noch keine volle Einheitlichkeit in der Uniformierung erzielt werden, so hatte sich dennoch zu Beginn des 18. Jahrhunderts eine annähernd einheitliche Regimentsuniform durchgesetzt, und Abweichungen von den jeweils geltenden Vorschriften wurden immer geringer.

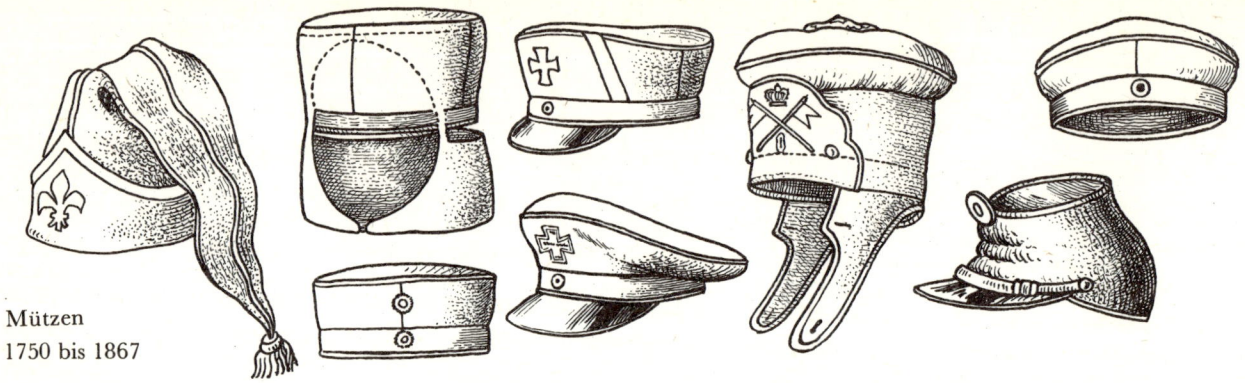

Mützen
1750 bis 1867

Der bunte Rock der Könige und Landesfürsten war keinesfalls so prächtig, wie er uns, besonders in der Schlachtenmalerei des Barocks, abgebildet begegnet. Seine Farben waren verwaschen und oft unansehnlich. Der Stoff war von grober Webart. Der Schnitt war weit weniger einheitlich als in späteren Jahrhunderten. Entscheidend allein war, daß alle Uniformen untereinander so ähnlich wie möglich waren.

Entgegen allen landläufigen Vorstellungen gab es von Anfang an enge Wechselbeziehungen zwischen der Zivilkleidung und der Uniform. Den ersten Uniformen stand die zivile Mode Modell. In der zweiten Hälfte des 17. Jahrhunderts löste der lange Rock mit Kamisol (Tafel 3/Figur 1) den alten Anzug mit Wams (Tafel 1/Figur 2) ab. Das neue, recht einfache kragenlose Kleidungsstück hatte offene Schöße, die an der Hüfte zusammengenäht waren. Die Ärmel waren zu breiten Aufschlägen umgeschlagen. Um den Hals wurde ein Schal oder ein Halstuch getragen.

Gegen Ende des 17. Jahrhunderts wurde der Rock kürzer und etwas eleganter. Er reichte etwa bis zum Knie, hatte nun weite Schöße, die an den Hüften gefältelt wurden. Das Kamisol war fast ebensolang wie der Rock und ihm im Schnitt ähnlich. Seine langen Ärmel schauten unter den Ärmelaufschlägen des Rockes hervor. Weite Kniehosen sowie derbe Schuhe und Strümpfe ergänzten die Bekleidung (Tafel 4/Figuren 2, 3). Nach 1700 kamen Gamaschen auf (Tafel 13/Figur 2; Tafel 20/Figur 1).

Während sich bei den Mannschaften allmählich eine uniforme Bekleidung durchsetzte, galt dies für das aus dem Adel kommende Offizierskorps nur mit Einschränkungen. Seine reichverzierte Kleidung entsprach den persönlichen Modevorstellungen mehr als den Normen uniformer Truppenbekleidung. Im Unterschied zu den Offiziersröcken, die mit Gold-

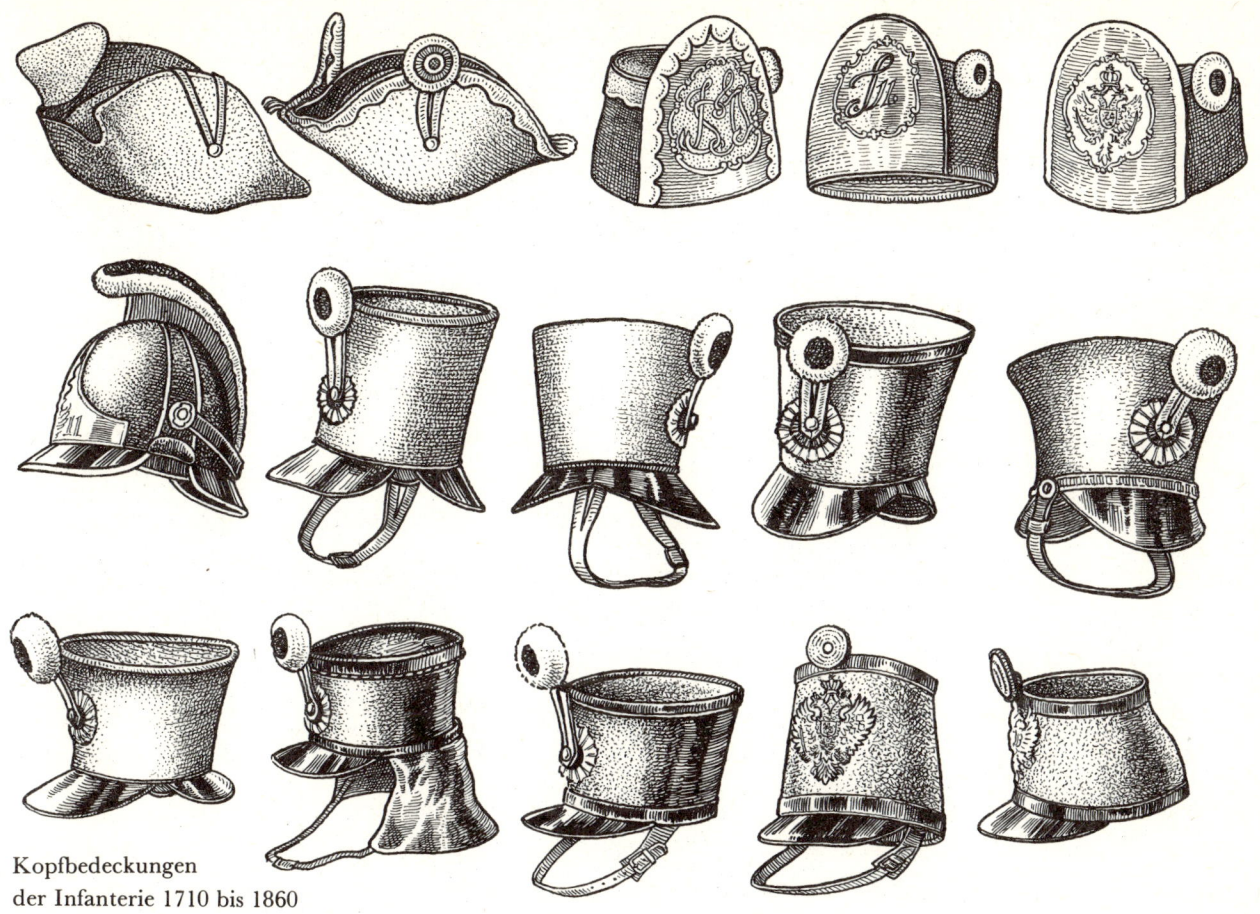

Kopfbedeckungen
der Infanterie 1710 bis 1860

oder Silberlitzen, häufig auch mit prächtigen Verschnürungen verziert waren, boten die Soldatenröcke ein schlichtes Bild. Es waren vor allem der Ringkragen, ein Überbleibsel der ehemaligen Ritterrüstung, und die Schärpe, die der Offiziersbekleidung den Anschein einer Uniform verliehen (Tafel 19/Figuren 1, 1a, 1b).

Die Offiziere trugen Spontons und die Unterführer als Kurzgewehre bezeichnete Stangenwaffen (Tafel 18/Figur 1b), die sich als recht nützlich erwiesen, wenn es galt, die Reihen im Gefecht oder bei der Parade auszurichten. Die Unterführer unterschieden sich von den Mannschaften auch insofern, als zum Beispiel auf den Aufschlägen oder Taschen ihrer Röcke Gold- oder Silberlitzen angebracht waren (Tafel 18/Figur 1).

Auch bei den Kopfbedeckungen stand der zivile Hut Pate. Die weiten, runden Hutränder erwiesen sich beim Waffengebrauch als hinderlich. Dem abzuhelfen, wurde die eine Seite der Krempe nach oben geschlagen (Tafel 10/Figuren 2, 3) und später auch die andere (Tafel 9/Figur 1). Als auch die hintere Hutkrempe nach oben geklappt wurde, entstand der sogenannte Dreispitz (Tafel 15/Figuren 2, 3; Tafel 37/Figuren 4a, 4b, 4c). Er war die für das 18. Jahrhundert typische Kopfbedeckung. Als schmückendes Beiwerk wurde eine um den Hutkopf herumlaufende Schnur gebräuchlich, die in Quasten endete. Vielfach war der Hut mit Tressen oder Borte eingefaßt und trug einen Stutz, Puschel oder eine Schleife beziehungsweise Kokarde.

Die Kavallerie war im Grunde genommen ähnlich bekleidet wie die Infanterie. Zur Kürassieruniform gehörten Helm oder Hut, verschiedentlich auch beides zusammen, Lederkoller, Küraß, Rock, Reithose, Strümpfe und Stiefel (Tafel 16/Figuren 1, 2). Die Kürassiere waren mit Pallasch, Karabiner und Pistolen bewaffnet, die Dragoner (Tafel 17/Figuren 1, 1b) dagegen, sieht man von den Pistolen ab, die sie in der Regel trugen, wie die Infanterie mit Flinte. Statt der Stiefel der Kürassiere gehörten hohe Gamaschen zu ihrer Uniform.

Prächtig gegenüber den anderen nahmen sich die Uniformen der Gardetruppen aus (Tafel 15/Figur 1). Sie waren in ihrer Prachtentfaltung vorwiegend auf Wach- und Hofdienst sowie auf den Paradedienst zugeschnitten. Sie waren Symbol für feudalabsolutistische Macht. Wie eindrucksvoll auch immer mit Gardeuniformen Macht demonstriert wurde, auf dem Gefechtsfeld waren sie wenig zweckmäßig.

Die einfachsten und schlichtesten Uniformen hatte die Artillerie. Zwar nahm der Schnitt der Artillerieuniform im 18. Jahrhundert die Konturen des Schnittes der Infanterieuniform an, doch war die Artillerieuniform weniger farbenprächtig, wie sie häufig auch weniger Zierat zeigte (Tafel 23/Figur 1). Der Pulverschmutz, mit dem die Artilleristen im Gefecht überschüttet wurden, setzte der Verwendung heller Farben und empfindlicher Litzen oder Borten ohnehin Grenzen. In der Uniform dieser Waffengattung bleibt aber auch die Tatsache unübersehbar, daß die Artillerie von Tradition, Herkunft und Bildung die bürgerlichste Waffengattung war und blieb.

In der zweiten Hälfte des 17. Jahrhunderts rückt mit der an Zahl zunehmenden Truppengattung Grenadiere ein neues Uniformbild (Tafel 3/Figur 3) in den Gesichtskreis. Bereits im Dreißigjährigen Krieg waren in vielen Regimentern einige Soldaten darauf spezialisiert,

Rußland, Pelz für Offiziere
des Leibhusarenregiments Nr. 2, 1910

Rußland, Ulanka für Mannschaften
des Ulanenregiments Nr. 3, 1910

mit Zündern versehene faustgroße kuglige Sprenggranaten in die Reihen des Gegners oder in seine Verschanzungen zu werfen. Von dieser Tätigkeit des Granatwerfens wurde die Bezeichnung «Grenadier» abgeleitet. Die hierfür ausgesuchten Soldaten mußten groß und kräftig sein, so daß die sich herausbildenden Grenadierkompanien häufig als Eliteeinheiten galten. In dem Maße, wie die Bedeutung des Feuergefechts zunahm, ging die Bedeutung der vor den taktischen Truppenkörpern handelnden Grenadiere zurück. Dennoch existierten sie als Eliteeinheiten fort, bewaffnet wie die übrige Infanterie, aber im Gefecht mit besonders schwierigen Aufgaben betraut.

Die Kopfbedeckung der Grenadiere geht auf die Zipfelmütze zurück. Sie war die übliche Lager- oder Zeltmütze, die auch im Kampf getragen wurde, weil der breitkrempige Hut den Grenadieren bei ihrer Tätigkeit sehr hinderlich war. Im 18. Jahrhundert kamen als Grundformen der Grenadiermütze die spitze (Tafel 5/Figur 3) und die Pelzmütze (Tafel 25/Figur 1) auf.

Mützen (Grenadiere)
1803, 1824, 1840 (v. l. n. r.)

Zopf und Perücke

Das Äußere der Uniformen des 18. Jahrhunderts läßt den Anachronismus der Prachtentfaltung in bezug auf die überlebten feudalabsolutistischen Verhältnisse nicht gleich deutlich werden. Die bunte Pracht der stehenden Heere war eine Art Tünche, die die Morbidität der spätfeudalen Gesellschaft verdeckte. Die absoluten Monarchien hielten das stehende Heer als das wichtigste Gewaltmittel ihrer dynastischen Eroberungspolitik und der feudalen Herrschaftssicherung. Die Stärke der stehenden Heere nahm beinahe sprunghaft zu. Mitte des 18. Jahrhunderts zählte das Heer Frankreichs mehr als 210 000 Mann, Österreichs mehr als 90 000 Mann, Rußlands mehr als 310 000 Mann und Preußens mehr als 90 000 Mann.

Um die Wende des 18. Jahrhunderts hatten sich die Heere in Bewaffnung, Ausrüstung und Taktik weitgehend einander angeglichen. Die Pike war dem Steinschloßgewehr mit Bajonett gewichen. Noch war die durchschnittliche Feuergeschwindigkeit mit einem Schuß in der Minute relativ gering, aber die Gefahr, daß die Zündung des Pulvers versagte, war praktisch nur noch bei nassem Wetter gegeben. Wirkungsfeuer auf Gruppenziele war schon auf etwa 150 Meter möglich. Erst auf eine Entfernung von 50 bis 80 Metern wurde das Gewehrfeuer voll wirksam. Einer möglichst großen Feuerwirkung wegen wurden die Armeen zur Schlacht in offenem ebenem Gelände in weit auseinandergezogenen Linien zu zwei und manchmal auch drei Treffen entfaltet, von denen jedes 3 bis 4 Mann tief war.

Bei einer solchen Schlachtordnung gewannen das gleichmäßige Marschieren, erzielt durch Ausrichten der Linien und vom Trommelschlag geregelten Gleichschritt, das schnelle Laden und das gleichzeitige Schießen auf Kommando besondere Bedeutung. Diejenige Seite, die in einer bestimmten Zeit mehr Salven schießen konnte als die andere, war im Vorteil. Durch regelmäßiges Üben wurde versucht, die Schießgeschwindigkeit zu steigern. Mit dem eisernen Ladestock schließlich wurde bei den ersten 10 bis 20 Salven bei angestrengtem Training eine Schießgeschwindigkeit von vier bis fünf Schuß pro Minute möglich. Wurde der Soldat im Feuersystem des Linearaufbaus zum gesichtslosen Feuerelement, machte ihn das Äußere seiner Uniform zur ununterscheidbaren Marionette.

Zur Lineartaktik zwang im 18. Jahrhundert auch die politisch-soziale Verfassung der

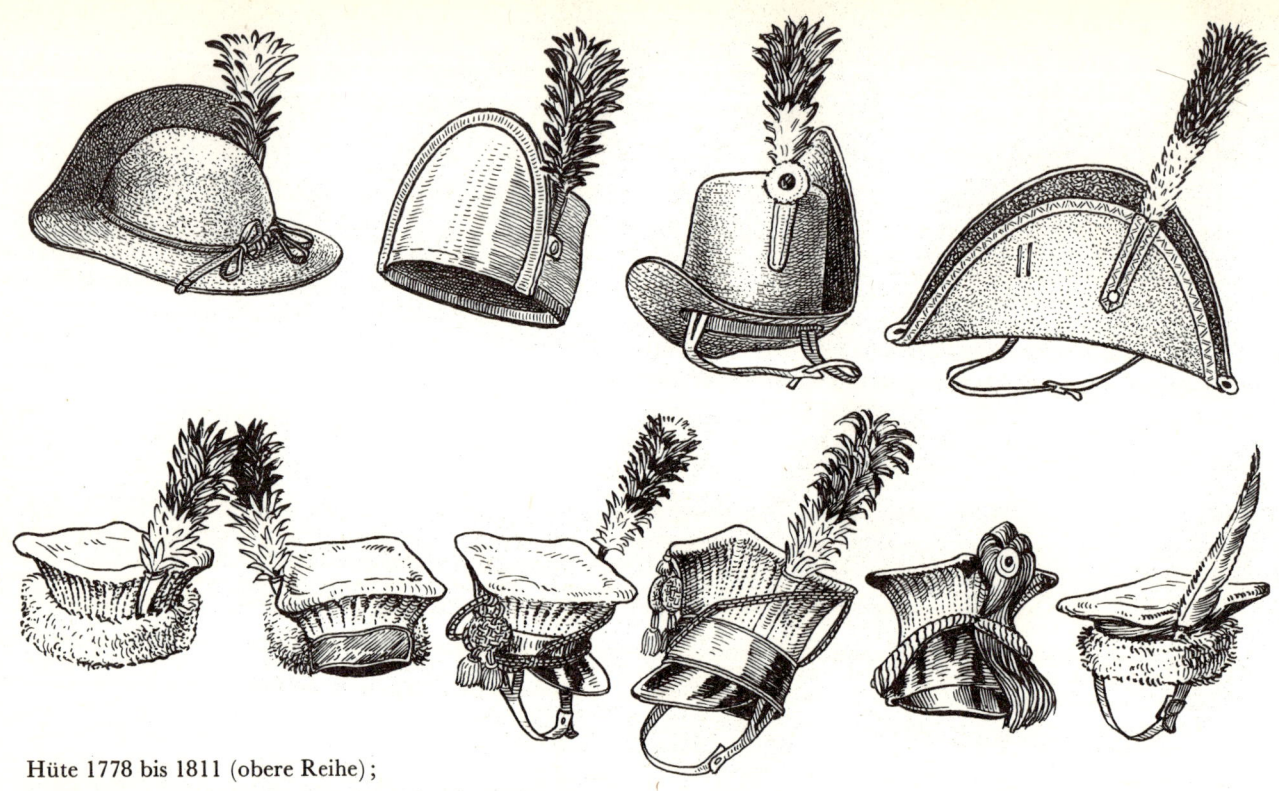

Hüte 1778 bis 1811 (obere Reihe);
Kopfbedeckungen der Ulanen 1784 bis 1866 (untere Reihe)

stehenden Heere; denn sie bestanden überwiegend aus Zwangsrekrutierten, mit List und Gewalt Geworbenen beziehungsweise in den Dienst der anderen Seite gepreßten Kriegsgefangenen. Das Soldatenlos bescherte harten Drill, strenge Strafen und karge Löhnung. Hatte der Söldnerdienst dereinst Beute und ein freieres Leben verheißen, im 17. und 18. Jahrhundert wurde er zur gescheuten Last und oft zur Strafe und Schande. Desertion wurde in den stehenden Heeren zur permanenten Erscheinung. Die Lineartaktik war deshalb, wie Friedrich Engels sagt, die einzige Kampfform, in der von solchen Soldaten das neue Gewehr eingesetzt werden konnte.

Als Achillesferse der Linearaufstellung erwiesen sich deren Flanken, die in der Regel von Kavallerie gedeckt wurden. In der ersten Hälfte des 18. Jahrhunderts führte die Kavallerie noch häufig vom Pferde aus oder auch abgesessen ·mit dem Karabiner Feuer. Erst in der Mitte des 18. Jahrhunderts begegnet man besonders auf preußischer Seite dem Trend, bei der Massenattacke mit der blanken Waffe die Entscheidung zu suchen.

Neben den traditionellen Truppengattungen der Kürassiere und Dragoner kam in fast allen großen Heeren des 18. Jahrhunderts die der Husaren (Tafel 8/Figur 3; Tafel 17/Figuren 2, 2b; Tafel 29/Figur 2) verstärkt auf, die zur leichten Kavallerie zählten. Die Einteilung in schwere und leichte Kavallerie war weniger von Bewaffnung und Ausrüstung der Reiter diktiert als vielmehr vom Pferdematerial.

Lanzenbewaffnete Ulanen (Tafel 46/Figur 3) als traditionelle polnische Kavalleriegattung gab es im 18. Jahrhundert nur in einigen Heeren und auch nur in geringer Zahl. Erst am Ende des 18. und zu Beginn des 19. Jahrhunderts sind sie in fast allen europäischen Heeren zu finden.

Die Karabiniere (Tafel 21/Figur 2) zählten zur schweren Kavallerie. Ursprünglich wurde mit diesem Namen ein mit einem Karabiner ausgerüsteter Reiter bezeichnet. Im 18. Jahrhundert nahmen die Blankwaffe, Pistole und Karabiner führenden Karabiniere eine Mittelstellung zwischen Kürassieren und Dragonern ein.

Die Karabiniere waren als Kavalleriegattung weniger ein objektives militärisches Erfordernis als vielmehr Ergebnis unklarer militärtheoretischer Vorstellungen wie auch Ausdruck von Herrscherlaune und Nachahmungssucht. Friedrich Engels sprach mit Recht vom «Humbug bei der Kavallerie. Hier bildet die Unterscheidung zwischen leichter und schwerer Reiterei einen Vorwand für Unterteilungen aller Art – Kürassiere, Dragoner, Karabiniere, Ulanen, Jäger, Husaren usw. All diese Unterteilungen sind nicht nur wertlos, sie sind völlig widersinnig, denn sie rufen Komplikationen hervor. Husaren und Ulanen sind den Ungarn und Polen nachgeahmt, doch in Ungarn und Polen haben diese Truppen ihren Sinn – sie waren die Nationaltruppe, und die Kleidung, die sie trugen, war die Nationaltracht des Landes. Solche Einheiten in anderen Ländern zu kopieren, wo der Nationalgeist fehlt, der ihnen Leben gab, ist, gelinde gesagt, lächerlich, und so mag der ungarische Husar aus dem Jahre 1814, wenn er von einem russischen Husaren mit ‹Kamerad› angesprochen wurde, geantwortet haben: ‹Nix Kamerad – ich Husar, du Hanswurst.›»

Die weitgehende Untergliederung der Kavallerie in spezielle Gattungen brachte eine Vielfalt an Formen und Farben bezüglich ihrer Uniformierung mit sich. Andererseits führte die Nachahmung nationaler Gattungen zur Nivellierung der nationalen Besonderheiten der militärischen Bekleidung, so daß bald jedes Heer seine blauen, grünen oder roten Regimenter hatte, die denen der anderen Heere zum Verwechseln ähnelten.

Mit ihren Fortschritten nahm auch die Bedeutung der Artillerie zu. Neben die Vollkugel trat die Kartätsche. Das Steilfeuer der Haubitzen wurde nicht nur bei Belagerungen, sondern auch in der Feldschlacht genutzt, vor allem dann, wenn sich gegnerische Truppen hinter Erdwällen und Palisaden verschanzt hatten. Fortschritte der Artilleriewissenschaften sowie leistungsstärkere und gewichtsärmere Geschütze förderten die Wirksamkeit der Artillerie nachhaltig. Die Zahl der Geschütze nahm in allen Heeren rasch zu. 1702 hatte die preußische Artillerie noch 1531 Geschütze. 1788 waren es bereits 6409. Gegen Mitte des 18. Jahrhunderts entstand die reitende Artillerie. Artilleriekompanien wurden beritten gemacht, beziehungsweise man ließ die Kanoniere statt dessen auf besondere Wagen aufsitzen. Während die reitende Artillerie und die leichte Bataillonsartillerie mit der Infanterie oder Kavallerie vorrückten, feuerte die schwere Fußartillerie aus frühzeitig zugewiesenen «ortsfesten» Stellungen. Bei hinreichender Anzahl von Geschützen und guter Feuerführung wurde mit Artilleriefeuer eine noch weit verheerendere Wirkung als mit dem Gewehrfeuer der Infanterie erzielt. Allerdings hielt die derzeit erreichte Beweglichkeit der Geschütze einen effektiven Einsatz der Artillerie noch in engen Grenzen.

Die reitende und die Fußartillerie unterschieden sich auch im Schnitt der Uniform. Die Fußartillerie (Tafel 27/Figur 3) folgte dem Uniformschnitt der Infanterie und die reitende Artillerie (Tafel 59/Figur 1) dem der Kavallerie, besonders dem der Husaren. Beide Truppengattungen trugen jedoch schlichte dunkle Farben.

Bereits in den ersten Jahrzehnten des 18. Jahrhunderts sind bezüglich der Farbe und der Symbole jene charakteristischen Merkmale erkennbar, wie sie in der kommenden Zeit für die Uniform der verschiedenen Heere typisch werden sollten. Zur Grundfarbe der Röcke der Infanterie wurde in Frankreich Weiß, in Österreich Grau, in England Rot, in Rußland Grün und in Preußen Blau. Zwar werden in der einschlägigen Literatur oft Weiß und Grau als die Grundfarben der Infanterie katholischer Heere und Blau und Rot als die der Infanterie protestantischer Heere genannt, doch ist das Zusammenspiel der genannten Farben mit den beiden Konfessionen ursprünglich wohl mehr zufällig als von bestimmten Absichten diktiert.

Im Uniformschnitt gab es unter den europäischen Heeren kaum bemerkenswerte Unterschiede. In der ersten Hälfte des 18. Jahrhunderts war der Rock noch relativ weit, so daß sich beim Anlegen Falten auf dem Rücken bildeten. Da die langen Rockschöße beim Marschieren am Ausschreiten hinderten, wurde es Brauch, sie am unteren vorderen und hinteren Ende nach außen gefaltet zusammenzuhaken, wodurch oft nicht mehr in die zu tief sitzenden Taschen gegriffen werden konnte. Der Rock wurde in der Regel offen und das Kamisol bis zur Taille geöffnet getragen, damit das Hemd als Kleidungsstück zur Geltung kam. Da die weiten Schöße des Rockes und des Kamisols die Kniehosen verdeckten, wurde auf deren Schnitt wenig Wert gelegt. Als Mitte des 18. Jahrhunderts der in Preußen bevorzugte enge und sparsame Uniformschnitt Mode wurde, setzte sich diese auch bei den weiten Kniehosen durch, die allmählich enger wurden. In der zweiten Hälfte des 18. Jahrhunderts sind weiße Tuch- oder Leinenhosen üblich, die in Kleie gewaschen und gebleicht wurden. Die Schuhe hatten derzeit für beide Füße noch die gleiche, das heißt ununterschiedene, Form. Zu den Schuhen wurden bis über die Knie reichende Leinengamaschen getragen, die im letzten Drittel des 18. Jahrhunderts von kürzeren, nur noch bis zum Wadenansatz reichenden Gamaschen abgelöst wurden.

Neue Anregungen erhielt die Uniformmode aus Preußen, das Franz Mehring sarkastisch den «militärischen Musterstaat» nannte. Die in der zweiten Hälfte des 17. Jahrhunderts einsetzende territoriale Expansion des brandenburgisch-preußischen Staates widerspiegelte sich im Aufbau seines stehenden Heeres, das 1688 31000 Mann, 1713 40000 Mann und 1740 76000 Mann zählte. Obwohl Brandenburg-Preußen Mitte des 18. Jahrhunderts unter den europäischen Staaten in bezug auf die Landesgröße den 10. und die Bevölkerungszahl den 13. Platz einnahm, war es nach Rußland, Frankreich und Österreich die viertstärkste Militärmacht. Mit dem starken und schlagkräftigen Heer schuf sich die herrschende Klasse Preußens die wichtigste Säule ihres Herrschaftssystems und das Gewaltinstrument ihrer feudalabsolutistischen Expansionspolitik.

Den steigenden Kosten für den Unterhalt des ständig vergrößerten Heeres fielen auch manche traditionelle Gepflogenheiten der Militärmode zum Opfer. Es war der Zwang zur Sparsamkeit, bedingt durch die Armut des Landes und die weitgesteckten Eroberungsziele, der die preußische Krone veranlaßte, das für Uniformen verwendete Tuch auf ein Minimum zu reduzieren. Die Röcke wurden deshalb kürzer und enger. Ihre Schoßumschläge wurden schmaler. Gegen Ende des Jahrhunderts wurden für die Röcke der Infanterie Rabatten verbindlich. Diese konnten in der Regel bei kaltem Wetter übergeknöpft werden. Als während der Regierungszeit Friedrichs II. die Röcke knapper geschnitten wurden, war das Über-

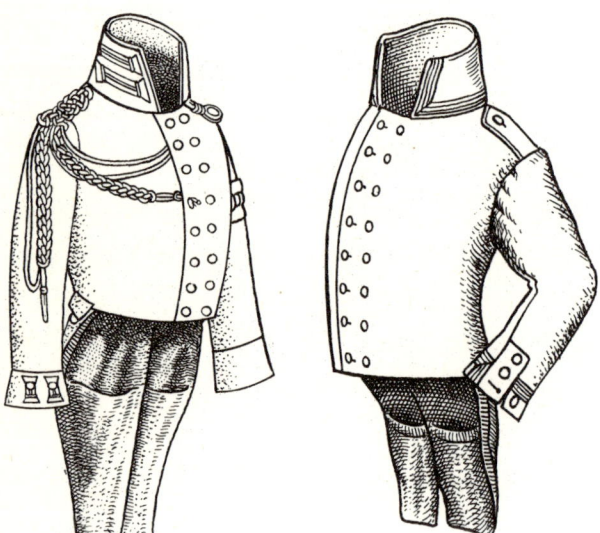

Röcke 1. Hälfte 19. Jahrhundert

Österreich-Ungarn, Sommerattila für Offiziere
(Leutnant) der Husaren, 1909

Österreich-Ungarn, Waffenrock für Offiziere
(Oberleutnant) des Dragonerregiments Nr. 9, 1909

Österreich-Ungarn, Waffenrock für Offiziere
(Leutnant) des Infanterieregiments Nr. 35,
1868 bis 1909

knöpfen nicht mehr möglich, und die Rabatten wurden zu nutzlosem Zierat. Als Regimentsabzeichen dienten Tressen beziehungsweise mit Litzen besetzte Knopflöcher und ein farbiger Wollpompon, der den dreiseitig aufgeklappten Hut schmückte (Tafel 15/Figur 2).

Das feudalabsolutistische Preußen avancierte zur militärischen Großmacht. In den Schlesischen Kriegen trat der Dualismus zwischen Preußen und Österreich offen zutage. Die militärische Macht des Heiligen Römischen Reiches Deutscher Nation zerfiel in dem Maße, wie die der landesfürstlichen Heere zunahm. In West-, Ost- und Nordeuropa war das Heer Rückgrat einer feudalabsolutistischen staatlichen Zentralgewalt, in den Händen der deutschen Partikulargewalten Mittel der gewaltsamen Sanktionierung von Zersplitterung und Ohnmacht der Zentralgewalt. Die Partikulargewalten drückten den Uniformen ihrer Söldnerheere den landesherrlichen Stempel auf. Andererseits lehnten sie sich an ein typisches Uniformbild an, Sachsen zum Beispiel an das Österreichs, Hessen-Kassel an das Preußens oder Englands, das auch zum Vorbild der hannoverschen Uniformen wurde.

Der multinationale Charakter Österreichs widerspiegelte sich auch im österreichischen Heer und seiner Bekleidung. Im 17. Jahrhundert hatten in diesem noch die Regimenter deutscher Nationalität dominiert. Mit ihm selbst vergrößerte sich auch der Anteil anderer Nationalitäten. Zu seinen Besonderheiten zählte die sogenannte Militärgrenze, eine territoriale Verteidigungsorganisation mit Milizcharakter in den südosteuropäischen Grenzgebieten zur Türkei. Wie die Kosaken in Rußland leisteten die in diesen Grenzgebieten angesiedelten Soldaten Militärdienst gegen Landzuteilung und andere Privilegien. Die Vielfalt der Uniformen der Grenzregimenter, die unübersehbar die Uniformmode belebte, erklärt sich aus den vielfältigen Nationaltrachten der Bewohner der Grenzgebiete. Im Siebenjährigen Krieg setzte Österreich zahlreiche Formationen irregulärer und leichter Kavallerie ein. Die Freikorps unter diesen Formationen bestanden oft aus Kroaten und Panduren (Tafel 22/Figur 3). Sie trugen eine zylindrische Filzmütze mit Tuchflügeln, den Mirliton (Tafel 37/Figur 4g). Ihre Jacken hatten kurze Schöße. Jacken und Westen waren wie die der Husaren mit Schnüren besetzt.

Die in fast allen größeren europäischen Heeren im 18. Jahrhundert auftretenden Husarenregimenter waren nach dem Vorbild der ungarischen Husaren uniformiert (Tafel 17/Figur 2; Tafel 29/Figuren 2, 2a). Neben der charakteristischen Pelzmütze (Tafel 37/Figur 4f), dem Kolpak, wurde von den Husaren in der ersten Hälfte des 18. Jahrhunderts auch der Mirliton, die schon erwähnte hohe zylindrische Filzmütze, getragen. Der Dolman, der ursprünglich nur mit schlichter Schnur und hölzernem Knebel geschlossen wurde (Tafel 8/Figur 3), war reich mit Verschnürungen verziert. Auch die engen Hosen, die kurzen Stiefel und der über der Schulter getragene Pelz entstammten der Volkstracht. Der Pelz, einst nur ein Schaffell, wurde nach der Jacke gearbeitet und ebenfalls mit Verschnürungen versehen. Zur Husarenbekleidung gehörten noch eine Schnürenschärpe und eine Säbeltasche, die am Säbelkoppel hing. Die Säbeltasche wurde bald von anderen Gattungen der Kavallerie übernommen. In den preußischen Kürassierregimentern bediente man sich ihrer bereits in den 30er Jahren des 18. Jahrhunderts.

An die Husarenuniform und damit an die ungarische Nationaltracht war auch die Uniform der ungarischen Infanterieregimenter angelehnt (Tafel 24/Figur 3).

Da Brücken- und Schanzenbau, Festungskampf und ähnliche Tätigkeiten samt den Kadern, die hierfür die entsprechenden technischen Kenntnisse und Fertigkeiten mitbrachten, immer mehr gefragt waren, wurden die Pontoniere, Mineure und Sappeure in speziellen Formationen zusammengefaßt. Von den Sappeuren abgesehen, unterschieden sich ihre Uniformen von den üblichen dadurch, daß sie schlichter und einfacher waren (Tafel 23/ Figuren 3, 3a). Zum Teil waren sie auch an bestimmten Abzeichen oder Ausrüstungen erkenntlich.

Im letzten Drittel des 18. Jahrhunderts wurde in verschiedenen europäischen Ländern unter anderem auch in der Absicht experimentiert, die Uniformen zweckmäßiger zu gestalten. Unter der Zarin Katharina II. wurde auf Betreiben des Fürsten Potjomkin 1786 das russische Uniformwesen reformiert. Diese Reform war für die damalige Zeit ebenso erstaunlich wie revolutionierend. In dem entsprechenden Erlaß Potjomkins heißt es: «Der Rock soll dem Soldaten als Kleidung dienen und nicht eine Last sein. Alle Stutzerhaftigkeit muß man ausrotten, denn sie ist die Frucht des Luxus', erfordert viel Zeit, Geld und Bedienung, was alles der Soldat nicht haben kann...Haare kräuseln, sich pudern, Zöpfe flechten – ist das Sache des Soldaten? Sie haben keine Kammerdiener. Wozu auch die Locken? Jeder muß zugeben, daß es zweckmäßiger ist, den Kopf zu kämmen und zu waschen, als ihn mit Puder, Talg, Mehl, Haarnadeln und Zöpfen zu belasten. Die Toilette des Soldaten muß so beschaffen sein, daß er, wenn er aufsteht, auch schon fertig ist. Wer könnte sagen, wieviel Stockschläge in den Regimentern für reine Stutzerhaftigkeit verabreicht worden sind und wie viele tapfere Seelen dadurch aus dieser in die andere Welt gegangen sind? Und ist es nicht unverzeihlich, daß die, welche für die Sicherheit des Vaterlandes einzustehen haben, durch Launen von Windbeuteln oder gar von Dummköpfen gedrückt werden? Der Gebrauch der Locken und des Puders bei den Soldaten ist mit folgenden Übelständen verknüpft: sie verlieren unnütz viel Zeit und werden dadurch abgemattet, weil sie, wenn eine Abteilung auf Wache soll, 6, wenn eine Escadron oder ein Regiment in der Front zu erscheinen hat, durchaus 12 Stunden brauchen, um sich gegenseitig die Haare zu machen, und sie in dieser Unruhe die ganze Nacht zubringen müssen, wodurch denn ein unvermeidliches Unterlassen anderer, wichtigerer Verrichtungen herbeigeführt wird.»

Einer solchen zweckmäßigen Vernunft fielen die langen, viel zu weiten Röcke ebenso zum Opfer wie die unpraktischen Kamisole mit Ärmeln, die widersinnige Haarmode, die Kniehosen, die lästigen Gamaschen und der dreieckige Hut, der weder gegen Regen noch gegen Sonne schützte. Es wurde kurzgeschnittenes Haar getragen. Die neue Einheitsuniform (Tafel 52/Figuren 1, 2) für alle Waffengattungen mit der waffenrockähnlichen Kurtka und dem ledernen Kaskett war sehr praktisch und schützte vor den Unbilden der Witterung. Die Waffengattungen unterschieden sich voneinander in der Farbe und einigen anderen Details. Neu war auch das lederne Hüftkoppel mit Patronentasche, schwarzer Ledertasche und metallener Wasserflasche.

Es nimmt nicht wunder, daß derzeit von der häßlichen Potjomkinschen Uniform gesprochen wurde. Der neue Uniformstil mußte sich gegenüber dem gewohnten feudalen Pomp geradezu schlicht ausnehmen. Als Paul I. 1796 den Zarenthron bestieg, ging er sogleich ans Werk, viele der Potjomkinschen Neuerungen rückgängig zu machen. Es sollte zu der von seinem Vater, Peter III., an Preußen orientierten Uniformmode zurückgekehrt werden (Tafel 52/Figur 3). Wie zeitgenössische Stiche und Gemälde zeigen, hatte der Wille des Zaren diesbezüglich seine Grenzen.

Die neuen russischen Uniformen, die den damaligen Auffassungen von militärischer Bekleidung vorauseilten, waren nicht ausschließlich Produkt genialer Voraussicht. Die Überlebtheit des feudalen Militärwesens war in der zweiten Hälfte des 18. Jahrhunderts allenthalben spürbar. Die aufklärerische bürgerliche Kritik an den anachronistischen militärischen Zuständen verdichtete sich in verschiedenen Ländern zur militärischen Reformbewegung. War diese praktisch auch wenig wirksam, so zerstörte sie doch das feudale Bild

Helme (v. l. n. r.) 1809, 1825 bis 1849 (Kürassiere);
1842 (Infanterie); Mitte 19. Jahrhundert, 1889 (Kürassiere)

vom Krieg und von den Streitkräften. Im Unabhängigkeitskampf mit dem britischen Kolonialregime von 1775 bis 1783 entwickelten die nordamerikanischen Milizen eine neue Taktik, die auf dem gezielten Feuer in aufgelöster Ordnung kämpfender Tirailleure fußte. Auch bei der noch sehr regellosen Bekleidung dieser Milizen war Zweckmäßigkeit Trumpf. Die auch von hier ausgehenden neuen militärischen Ideen fanden im alten Europa bei aufgeschlossenen Offizieren manche Resonanz.

So zeigte sich in der Uniformgestaltung seit der zweiten Hälfte des 18. Jahrhunderts ein gewisser Trend zu praktischeren Lösungen, der sich gegenüber dem Haupttrend, dem Festhalten am herkömmlichen Uniformbild und an seiner zusätzlichen Überladung, aber nicht durchsetzen konnte. Dennoch ist den Reformbestrebungen manche zweckmäßige Änderung zu verdanken. Diesen sind zweifellos auch die 1767 in das österreichische Heer eingeführten praktischen und einfachen Uniformen zuzurechnen. Der einreihige rabattenlose, vorn zugeknöpfte Rock (Tafel 25/Figur 1) mit umliegendem Kragen war weit feldtauglicher als sein Vorgänger. Offensichtlich läßt sich dies von der 1779 eingeführten «schwedischen Tracht» nur bedingt sagen (Tafel 35/Figur 3).

Die russische Uniform von 1786 muß im Zusammenhang mit solchen taktischen Neuerungen, wie die stärkere Wichtung des gezielten Feuers und des Bajonettangriffs, gesehen werden. Diese Neuerungen waren an die Namen der bedeutenden Heerführer Rumjanzew und Suworow geknüpft. Die Kampfweise der nordamerikanischen Milizen zwang die britischen Regimenter und ihre deutschen Miettruppen zu taktischen Änderungen, die auch Konsequenzen für die Uniformgestaltung hatten. Allerdings entsprang hier vieles mehr der Initiative von unten als der Einsicht der feudalen Militärbehörden. Gegen Ende des nordamerikanischen Unabhängigkeitskrieges war die Uniform der dort eingesetzten britischen Regimenter schlichter geworden. Die Hüte wurden gegen Mützen oder Kaskets vertauscht. Die Röcke wurden zu Jacken gekürzt und geschlossen getragen. Gamaschenhosen begannen sich großer Beliebtheit zu erfreuen. Regimenter trennten den Litzenbesatz von den Röcken ab (Tafel 32/Figur 3).

Ein Hauptmann der Hessen-Kasselschen Jäger mußte in Nordamerika erfahren: «Wenn uns Gepäck der Amerikaner in die Hände fiel, so enthielt selbst der schäbigste Ranzen, in dem nur ein paar Hemden und eine zerrissene Kniehose waren, militärtheoretische Werke wie ‹Instruktion des Königs von Preußen an seine Generale›. Ganz im Gegensatz zum britischen Offizier, dessen Mantelsack eher mit Beuteln von Haarpuder, Dosen von süßriechender Pomade, Spielkarten statt Landkarten gefüllt war, und oft zuoberst mit Romanen und Theaterstücken.» Feudalherrliche Arroganz und berufliche Interesselosigkeit des Durchschnittsoffiziers feudalabsolutistischer Heere trug mit dazu bei, daß sich militärische Neuerungen nur zögernd, wenn überhaupt, Bahn brechen konnten.

In der zweiten Hälfte des 18. Jahrhunderts wurden in verschiedenen Heeren Jägereinheiten formiert, deren Uniform unauffällig gehalten und damit besser der zerstreuten Gefechtsführung der Einzelschützen angepaßt war (Tafel 26/Figur 4). Ähnliches war wohl auch mit der Uniform der sogenannten leichten Infanterie (Tafel 30/Figur 3) beabsichtigt, bei der man dennoch in der feudalen Bekleidungsauffassung verhaftet blieb.

Auch an den Kopfbedeckungen der letzten Jahrzehnte des 18. Jahrhunderts wird die schüchterne Suche nach Fortschritt in das feudale System respektierenden Grenzen sichtbar. Aber auch, daß ein solcher Fortschritt von vornherein eine Halbheit und deshalb nur von kurzer Dauer war. Bereits 1743 hatte der französische Marschall Moritz von Sachsen seinem Regiment aus Dragonern und Ulanen einen Metallhelm (Tafel 29/Figur 1) beschert, der sich im Gegensatz zu den Halbheiten auf dem Gebiet der Kopfbedeckungen in seiner Grundform bis zum ersten Weltkrieg halten sollte. In den sechziger Jahren wurde er etwas verändert allgemein in die französischen Dragonerregimenter eingeführt. Eine schirmlose Messingglocke zierte ein nach hinten abgeflachter Metallkamm mit schwarzem Roßhaarschweif. Gleiches gilt mit Einschränkung für die Kopfbedeckung der englischen leichten Dragoner. Sie erhielten ein Kaskett (Tafel 33/Figur 2) aus steiflackiertem Leder, auf das ein Messingkamm aufgesetzt war. Es sollte zum Vorbild einer ganzen Gattung solcher Kopfbedeckungen werden, die sich lediglich durch einige Artbesonderheiten unterschieden.

Kaskett (Grenadiere) Ende 18. Jahrhundert;
Tschako 1816, 1850, 1860 (v. l. n. r.)

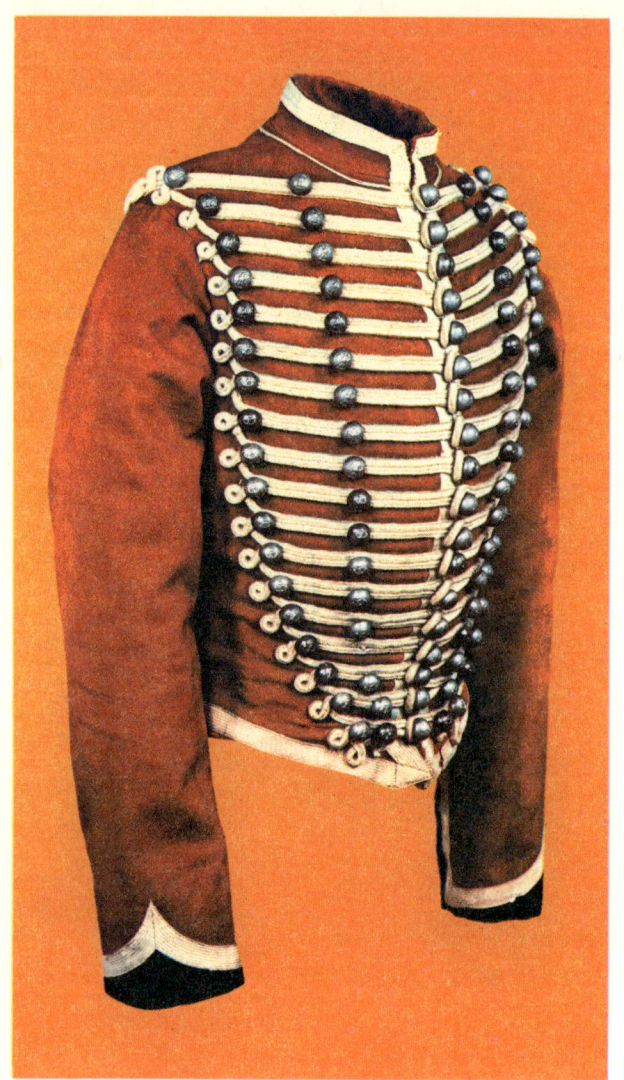

Frankreich, Dolman für Mannschaften
des Husarenregiments Nr. 4, 1834 bis 1869

Frankreich, Attila für Offiziere
(Oberst) des Husarenregiments Nr. 10, 1910

Nationalgarde und Kaiseradler

Am 14. Juli 1789 erstürmte das Volk von Paris die Bastille. Mit den feudalen Herrschaftsverhältnissen zerbarst im Prozeß der großen Revolution auch das feudale Militärwesen Frankreichs. Das französische Militärwesen wurde auf einer neuen, der kapitalistischen sozialökonomischen Basis zur Errichtung, Festigung und Expansion der Bourgeoisherrschaft umgewälzt. Eine neue Entwicklungsperiode in der Geschichte des Militärwesens kündigte sich an. Schöpfer des neuen, bürgerlichen Militärwesens waren die revolutionären Volksmassen Frankreichs (Tafel 38/Figur 1). Sie verteidigten die Revolution in erbitterten Auseinandersetzungen mit der inneren und äußeren Konterrevolution, die um ihre Throne bangte.

Wenn auch die meisten Soldaten auf die Seite der Revolution übergetreten waren, lebte in vielen Einheiten des stehenden Heeres der aristokratische Einfluß fort. Das entschieden revolutionäre Element verkörperte sich vor allem in der Nationalgarde. Ihre Uniform (Tafel 38/Figuren 2, 3), besonders die der an die Front geschickten Freiwilligenbataillone, war improvisiert. Aber auch im stehenden Heer trug man zur alten Uniform lediglich die rot-weiß-blaue Kokarde. Im Februar 1793 dekretierte der Konvent das sogenannte Amalgam. Zwei Freiwilligenbataillone und ein Linienbataillon wurden jeweils zu einer Halbbrigade vereinigt. Die bisher nebeneinander bestehenden Linien- und Freiwilligentruppen sollten zu einer der Republik ergebenen Armee verschmolzen werden, durchdrungen vom revolutionären Geist und zugleich militärisch schlagkräftig.

Als im Sommer 1793 die Konterrevolution ihren Würgegriff verstärkte, beschloß der Konvent, getragen vom Patriotismus der Volksmassen, das berühmte Dekret über die levé en masse, die allgemeine Wehrpflicht für alle unverheirateten Diensttauglichen vom 18. bis zum 25. Lebensjahr. Die Revolutionsarmee war eine Armee der Massen. Beweglichkeit war ein weiteres Attribut ihrer Überlegenheit. Sie hatte kein ausgeklügeltes System grausamer Strafen und ständiger Kontrolle nötig, um permanenter Desertion vorzubeugen. Sie konnte mittels eines Kontributionssystems unterhalten werden. Die Feldarmeen wurden von Abgaben ernährt und biwakierten in Ortschaften. Damit entfiel der riesige Tross samt der Offiziersbagage. Die Bewegungen der Feldarmeen bedurften der Zerlegung in Tagesmärsche aus Versorgungsgründen ebensowenig wie der Rücksicht auf Magazine.

Eine neue Taktik wurde möglich und notwendig; denn, wie Friedrich Engels schrieb, «diese Nation hatte nicht die Zeit, sich die künstlichen Manöver der Lineartaktik so weit einzuüben, daß sie der altgedienten preußischen und österreichischen Infanterie in gleicher Formation entgegentreten konnte». Die Soldaten und Offiziere der Revolutionsheere begegneten der Lineartaktik mit einer Kombination von Tirailleursystem und Bataillonskolonne. Beim Tirailleursystem hatten die taktischen Erfahrungen aus dem amerikanischen Unabhängigkeitskrieg Pate gestanden. Es fußte auf dem zerstreuten Gefecht und dem gezielten Schuß beweglicher Schützen (Tirailleure), die das Gelände geschickt ausnutzten. Den nötigen Rückhalt erhielten die Tirailleurketten von den tiefgestaffelten Bataillonskolonnen, die gegenüber den starren Linien des linearen Aufbaus beweglicher und stoßkräftiger waren.

Als Napoleon Bonaparte zum «Degen der Republik» avancierte und sich unter seiner Führung eine Staatsform etablierte, die eine Militärdiktatur der Großbourgeoisie war, wußte er die Vorzüge des in der Revolution geborenen Volksheeres auszunutzen. Die Revolutionskriege hatten in Napoleon den Mann hervorgebracht, schrieb Friedrich Engels, «der diese neue Methode der Kriegführung in ein reguläres System brachte und es mit dem kombinierte, was am alten System noch nützlich war, der auch die neue Methode sofort auf den Stand der Vollkommenheit brachte, die Friedrich der Lineartaktik gegeben hatte – da waren die Franzosen fast unbesiegbar, bis ihre Gegner von ihnen gelernt und ihre Armeen nach dem neuen Vorbild organisiert hatten». Bewegliche Tirailleure und stoßkräftige Kolonnen sowie Infanterielinien in drei Gliedern ergaben wieder geschlossene Feuerfronten, die aber nichts mehr von der Starrheit des alten linearen Aufbaus an sich hatten. Der meist entscheidende Einsatz der in der Tiefe des Schlachtfeldes stehenden Reserven wurde mit massiertem Artilleriefeuer vorbereitet.

Die französische Uniformmode war ein Abbild sowohl der neuen Kriegskunst als auch der Eroberungspolitik der französischen Großbourgeoisie unter Napoleon. 1793 wurden dunkelblaue Röcke für die Infanterie verordnet (Tafel 39). Es dauerte jedoch noch einige Jahre, bis die ehemaligen weißen Uniformen verschwunden waren. Die Regimentsnamen waren bereits 1791 abgeschafft worden. An ihrer Statt erhielten die Regimenter Nummern. Diese Vereinfachung fand auch in andere Heere Eingang, obgleich dort neben der Regimentsnummer aus Gründen der Tradition der offizielle beziehungsweise inoffizielle Regimentsname noch eine Zeit fortexistierte.

Eine Neuerung waren die in vielen Truppenteilen des Revolutionsheeres augenfälligen Mäntel (Tafel 44/Figur 3). In den feudalabsolutistischen Heeren gab es in der Infanteriekompanie einige Mäntel, damit sich die auf Wache ziehenden Soldaten in diese teilten. Etwas besser diesbezüglich war es bei der Kavallerie bestellt, die eine Art Mantel in Form eines Umhangs hatte. Der Umhang schützte den Reiter samt seinen Waffen wie auch sein Gepäck, das hinten am Sattel angebracht war. Die Mäntel für die Revolutionssoldaten wurden anfangs noch requiriert oder gespendet beziehungsweise von den Soldaten selbst mitgebracht. Der Soldatenmantel, bald zu einem unentbehrlichen Uniformstück aller europäischen Heere geworden, war ebenfalls eine Konsequenz der neuen Kriegführung; denn hatten die Heere früher im Winter Quartier bezogen, wurde nun auch in dieser Jahreszeit gekämpft.

Als Napoleon seine Macht gefestigt hatte und die Armee zum Inbegriff großbürgerlicher Eroberungspolitik geworden war, wurden für die französische Uniform wieder Prachtentfaltung und Formenreichtum charakteristisch, auch wenn sich ein gewisser Hang zum Konservativismus dabei zeigte (Tafel 41). Besonders die kaiserlichen Garden setzten ihren Ehrgeiz darein, die elegantesten Uniformen zu tragen (Tafeln 42, 43). Aber auch bei diesen hielten die ständigen Feldzüge einen gewissen Sinn für das Praktische wach.

Zu Beginn des 19. Jahrhunderts wurden die Kragen höher. Obgleich die Kniehosen und Gamaschen im Prinzip unverändert blieben, wurde der Rock immer kürzer. Viele Regimenter trugen im Felde Überhosen. Diese waren eine praktische Neuerung, die auf die Leinenhosen der Soldaten der Revolutionsarmeen zurückging. 1812 wurde bei der Infanterie ein bis zur Taille geschlossener Rock eingeführt – der Spenzer (Tafel 44/Figur 2). Er war im Schnitt weitgehend an die Kurtka der polnischen Lanzenreiter oder Ulanen angelehnt (Tafel 43/Figur 2). Überhaupt ging die erste größere Veränderung im französischen Uniformstil der bürgerlichen Ära auf polnische Einflüsse zurück. Den 1807 aufgestellten 1. Garde-Chevauleger-Lanciers (Tafel 43/Figur 2) folgten weitere Formationen dieser Truppengattung, die mit der Kurtka und den weiten Überhosen bekleidet waren. Die Tschapka als traditionelle Kopfbedeckung der Lanzenreiter wurde jedoch nicht von allen französischen Ulanenregimentern übernommen. Diese bevorzugten wie die Kürassiere (Tafel 43/Figur 1), Dragoner (Tafel 43/Figur 4) und Karabiniere den Metallhelm in seinen verschiedenen Versionen.

Zu Beginn des 19. Jahrhunderts setzte sich bei der Infanterie der aus Filz gefertigte Tschako (Tafel 44) durch. Seine Ursprünge sind in den Filzmützen der österreichischen Grenzregimenter zu suchen. Er war keine bequeme Kopfbedeckung, blieb aber die während der ersten Hälfte des 19. Jahrhunderts im militärischen Bereich vorherrschende. Er war das militärische Pendant zum Zylinder, dem vorherrschenden Zivilhut der damaligen Zeit.

Weil die gekrönten Gegner Napoleons nicht umhinkonnten, ihr Militärwesen entscheidend zu verändern, wollten sie der sieggewohnten französischen Armee mit Erfolg entgegentreten, mußten sie auch die Uniformen ihrer Heere modernisieren. Den französischen Uniformstil wie in den Heeren der französischen Satellitenstaaten zu kopieren (Tafel 40) lag nicht in ihrer Absicht. Weshalb vor allem in Österreich, Rußland und England an die eigenen nationalen Traditionen angeknüpft wurde.

Die österreichische Uniform von 1798 blieb traditionsgemäß für die Infanterie (Tafel 47/Figur 1; Tafel 49/Figur 2) weiß, für die Artillerie und Grenzregimenter braun, für die Jäger (Tafel 47/Figur 2) und Pioniere grau. Das kurze und einreihige Jackett der Infanterie hatte einen hohen Kragen, schmale Ärmelaufschläge und kurze Schoßumschläge. Das Jakkett der Kavallerie (Tafel 48), bei dem die Kragenspiegel und die litzenbesetzten Schoßumschläge beibehalten wurden, unterschied sich darüber hinaus kaum von dem der Infanterie.

Nach der strukturellen Neugliederung des russischen Heeres in Divisionen und Korps unter Zar Alexander I. trug die Infanterie dunkelgrüne Jacken mit kurzen Schößen und hohen Kragen, weiße Überhosen und kurze Stiefel (Tafel 53). Der graubraune Mantel wurde zum charakteristischen Bekleidungsstück des russischen Infanteristen, der im Felde häufig über dem Hemd nur den Mantel trug. Bei der Neugliederung wurde auf unterschiedliche Farben bei Kragen und Aufschlägen verzichtet. Die Regimenter wurden lediglich durch die Farbe der Schulterklappen unterschieden.

Wie morsch die preußische Armee (Tafel 57), noch immer vom Nimbus der friderizianischen Kriege umgeben, in Wirklichkeit war, zeigte sich am 14. Oktober 1806 in der Doppelschlacht bei Jena und Auerstedt, wo sie eine Katastrophe ohnegleichen erlitt. Danach mußten selbst der preußische König und seine ultrareaktionäre Umgebung sich eingestehen, daß ohne eine Reform des preußischen Militärwesens an die Schaffung einer schlagkräftigen Armee und die Abschüttelung der napoleonischen Fremdherrschaft nicht zu denken war.

Frankreich, Waffenrock für Offiziere
(Hauptmann) des Artillerieregiments Nr. 69, 1907

Frankreich, Waffenrock für Mannschaften und
Unteroffiziere (Kapitulant-Sergeant) des Dragonerregiments Nr. 22, 1907

Wie Franz Mehring schrieb, erkannten die Reformer um Scharnhorst, Gneisenau, Boyen und Grolman, «daß die militärische Reform nicht möglich sei ohne die bürgerliche Reform, daß Napoleon nur durch Napoleon besiegt werden könne». Als die vernichtende Niederlage der «Großen Armee» in Rußland den entscheidenden Anstoß für die Volkserhebung gegen Napoleon gab, bestand die Militärreform in Preußen ihre Bewährungsprobe. Welche Bedeutung allgemeine Wehrpflicht, Landwehr und Landsturm, Annullierung des Adelsprivilegs auf Besetzung der Offiziersstellen, Abschaffung der entehrenden Prügelstrafe, Anpassung von Ausrüstung, Ausbildung und Taktik an die Gefechtsbedingungen und schließlich die breite patriotische Volksbewegung haben sollten, zeigte sich im nationalen Unabhängigkeitskrieg 1813/14.

Bereits 1808 begann die preußische Armee mit der Einführung einer neuen, zweckentsprechenden Uniform ein anderes Äußeres anzunehmen (Tafel 61). Als Vorbild hatten ihr dabei die praktischen Uniformen des russischen Heeres gedient (Tafel 53/Figur 1; Tafel 62/Figur 2). Allerdings zwang Mangel dazu, die Reservebataillone mit einer Uniform aus grauem Tuch auszustatten. Vielfach mußten statt des Tschakos Mützen getragen werden. Die Litewken der Landwehr waren nicht selten entsprechend geänderte und eingefärbte Bauernröcke (Tafel 62/Figur 4), wie bei der Uniformierung derzeit Improvisation überhaupt Trumpf war. Die Litewka erwies sich im Felde als praktisch und wurde später als Waffenrock wiedergeboren. Die Kokarde als Schöpfung der französischen Revolution wurde als Abzeichen nun auch Teil der preußischen Uniform. Sie wurde zunächst nur an den Tschakos und an den Landwehrmützen getragen. Die Uniform des Lützowschen Freikorps (Tafel 63) war zugleich das Kleid der entschiedensten Patrioten, die konsequent den Kampf für die nationale Unabhängigkeit mit der Überwindung der feudalstaatlichen Zersplitterung verbanden.

Pickelhaube und Heckerhut

Als die Volksmassen den Sieg über Napoleon erzwungen hatten, feierten ihn die europäischen Fürsten, ihrer spätfeudalen Restaurationspolitik gemäß, als Sieg über die Revolution. Sie errichteten 1815 ein konterrevolutionäres Herrschafts- und Bündnissystem, damit sie alle fortschrittlichen Bewegungen unterdrücken konnten. Dem russischen Zarentum die Vormachtstellung einräumend, gehörten Österreich und Preußen zu den Hauptmächten der Heiligen Allianz. Sie bereiteten mit militärischen Interventionen den revolutionären Erhebungen im Königreich Neapel 1820/21 und in Spanien 1823 ein blutiges Ende. Sie unterdrückten die nationalen Bewegungen in Italien und Deutschland. Sie erstickten überhaupt jede antifeudale Opposition.

Zwar gelang es, mit dieser Restaurationspolitik die bürgerlich-fortschrittlichen Bestrebungen eine Zeitlang zu hemmen, aber unterdessen hatte sich die bürgerliche Umwälzung auch bei den Mächten der Heiligen Allianz angebahnt. Ein mächtiger Impuls an die antifeudale Bewegung ging im Juli 1830 vom erfolgreichen dreitägigen Barrikadenkampf der Pariser Arbeiter, Handwerkergesellen und Kleinbürger aus. Eine neue Welle nationaler, demokratischer und revolutionärer Bewegungen erschütterte das System der Heiligen Allianz. Wenn auch dem Unabhängigkeitskampf des polnischen Volkes 1830/31 der Erfolg versagt blieb, so hinderte er aber die Mächte der Heiligen Allianz an einer militärischen Intervention in Westeuropa.

Die Restaurationspolitik machte die Streitkräfte zum Hort der Reaktion. Politische Zuverlässigkeit rangierte vor militärischer Leistungsfähigkeit. Fortschrittliche militärische Einrichtungen fielen den wütenden Angriffen der feudalrestaurativen Kräfte zum Opfer, oder sie wurden ihres demokratischen Charakters beraubt, wie das volkstümliche Landwehrsystem in Preußen. An die Stelle der kriegsgemäßen Ausbildung trat vielfach die stumpfsinnige Ausbildung in der Kaserne und auf dem Exerzierplatz. Die militärische Bildung des Offizierskorps verflachte.

Doch der mit der industriellen Revolution einhergehende soziale Fortschritt machte auch vor den Streitkräften nicht halt. Wenn auch die neue technische Entwicklung vorerst keine umwälzend neuen Waffen hervorbrachte, so trug sie doch zur ständigen Weiterentwicklung

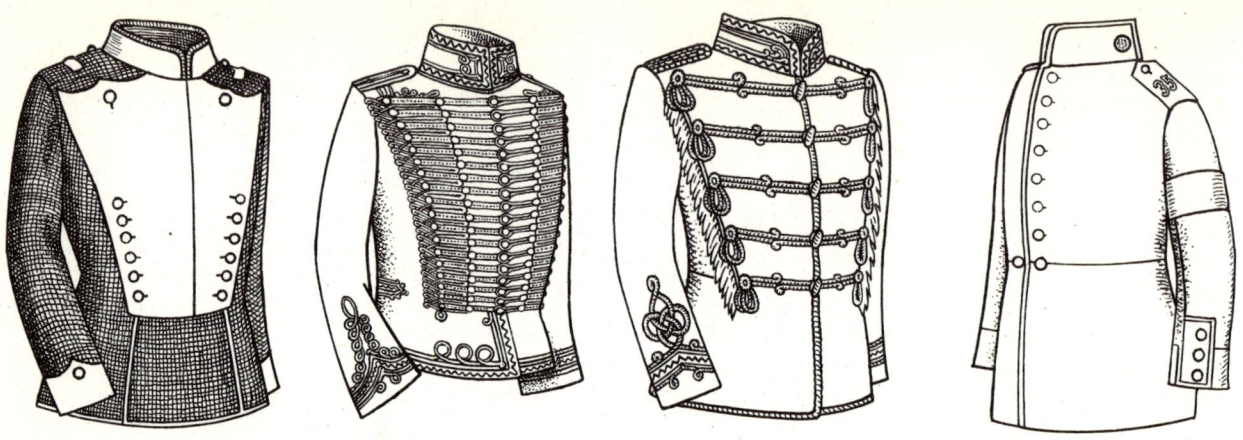

Ulanka 1853; Dolman für Offiziere 1837; Attila 1858;
Waffenrock 2. Hälfte 19. Jahrhundert (v. l. n. r.)

und Vervollkommnung des vorhandenen Waffenmaterials bei. In den dreißiger Jahren des 19. Jahrhunderts wurde das Steinschloßgewehr für Perkussionszündung abgeändert. Zündhütchen ersetzten den Feuerstein (Tafel 82/Figur 4). Das Gewehr wurde damit wetterfest und der Rückstoß vermindert. In den vierziger Jahren wurden Gewehre mit gezogenem Lauf und Spitzgeschoß in die Bewaffnung eingeführt. Etwa zur gleichen Zeit gelang es, einen kriegsbrauchbaren Hinterlader (Tafel 89/Figur 4) herzustellen. Noch stand er in seinen ballistischen Leistungen dem Vorderlader nach. Jedoch versprach die größere Schußfolge und die Möglichkeit, das Gewehr im Liegen zu laden, einen unübersehbaren Vorteil gegenüber dem Vorderlader.

Die Restaurationspolitik und die fortschreitende kapitalistische Entwicklung äußerten sich in einem Uniformstil sowohl konservativ-restaurativer Tendenz, die sich vor allem im Rückgriff auf manchen überwundenen Plunder fürstlicher Prachtentfaltung offenbarte, als auch zukunftsweisender Tendenz, die sich in der Beachtung oder Einführung moderner Uniformelemente ankündigte. Wenn sich die restaurative Flucht in das Überholte auch im allgemeinen nicht so zeigte wie in Hessen-Kassel, wo der Kurfürst wieder den Zopf einführte, wurden doch die Uniformen mit mancherlei Unnützem versehen. Die Kopfbedeckungen wuchsen wieder in die Höhe. Hohe Kopfbedeckungen bestimmten das Uniformbild ebenso wie schwergewichtige Raupenhelme unterschiedlichster Version (Tafel 66/Figur 3; Tafel 69/Figur 1; Tafel 75/Figur 2). Schon in der napoleonischen Armee war der

Belgien, Waffenrock für Mannschaften (Korporal)
der Gendarmerie zu Fuß, 1914

Italien, Waffenrock für Offiziere
(Oberleutnant) der Artillerie, 1875 bis 1903

Küraß (Tafel 73) wieder zu Ehren gekommen. In der russischen Armee wurde der charakteristische Kiwer (Tafel 55/Figur 1) zugunsten eines glockenförmig geschwungenen Tschakos (Tafel 72/Figuren 3a, 3b) aufgegeben. Diese Tschakoart wurde nach 1816 auch in anderen Heeren eingeführt.

Die Uniformen wurden im allgemeinen wieder knapper und enger und gaben ein Bild vom Paradesoldaten ab. In Frankreich kehrte mit den Bourbonen auch die weiße Grundfarbe der Uniformen zurück. Doch schon in den zwanziger Jahren wurde ein blauer Spenzer samt langen roten Hosen verordnet (Tafel 75/Figur 1).

Anfang der vierziger Jahre kündigte sich in Preußen mit der Einführung des Waffenrocks und des mit einer Metallspitze verzierten Lederhelms, der Pickelhaube, eine einschneidende Uniformänderung an (Tafel 80). Die Pickelhaube bedeutete gegenüber dem Tschako einen Fortschritt. Sie sieht «nicht gerade sehr ansprechend» aus, urteilte Friedrich Engels, «aber sie ist für den Soldaten sehr bequem. Der Helm bietet einen recht wirksamen Schutz gegen Sonne und Regen.» Hinzu kam, daß sie verhältnismäßig hieb- und stichfest war. Diese Vorteile wurden auch in anderen Armeen erkannt. 1845 wurde diese Kopfbedeckung in Schweden eingeführt (Tafel 83/Figur 3), 1846 in Rußland und 1878 in England (Tafel 99/Figur 2). Im Volk, das die Ausschreitungen des preußischen Militarismus besonders in der Revolution von 1848/49 noch frisch im Gedächtnis hatte, wurde die Pickelhaube bald zum Sinnbild finsterster militaristischer Reaktion.

Der frische Wind, der 1830 von der Julirevolution in Frankreich ausging, regte Uniformbilder an, die ihren Ursprung größtenteils außerhalb der Armee hatten. Bürgerwehren und Volkswehren waren nach der zivilen Mode gekleidet. Während der Revolution von 1848/49 spielten in Deutschland und Österreich der Heckerhut sowie die oft dunkelblauen Röcke und Blusen (Tafel 84/Figuren 1, 2; Tafel 85/Figur 1; Tafel 88/Figur 2) der bewaffneten Volksformationen eine ähnliche Rolle wie das Rothemd der Freischar Garibaldis im nationalen Befreiungskrieg Italiens 1848/49. In der ungarischen Revolutionsarmee dominierten die traditionellen nationalen Uniformen (Tafel 86). Die einfache Kleidung der Handwerker und Arbeiter herrschte in vielen revolutionären bewaffneten Formationen vor und kündete davon, daß eine neue revolutionäre Klasse entstanden war, eine Klasse, die von Beginn an der entschiedenste Gegner von Militarismus und Reaktion war.

Waffenrock, Khaki und Feldgrau

Die stürmische kapitalistische Entwicklung hatte weitreichende Auswirkungen auf den materiell-technischen Zustand, die Organisation und den politischen Charakter des Militärwesens. Der wissenschaftliche und technologische Fortschritt führte im Verein mit der Massenproduktion zu einer «gewaltigen Umwälzung im gesamten System der Feuerwaffen», wie Friedrich Engels schreibt. Gezogene Gewehrläufe konnten massenhaft hergestellt werden, und das besondere Präzision erfordernde Hinterladerprinzip (Tafel 89/Figur 4) konnte sich endgültig durchsetzen. Bei der Artillerie ging die Entwicklung vom glatten zum gezogenen Vorderlader und schließlich zum gezogenen Hinterlader aus Gußstahl.

Das Eisenbahnnetz gestattete, die Truppen schneller zu mobilisieren und wirkungsvoller mit Nachschub zu versorgen. Dank des Telegrafennetzes konnten Befehle und Nachrichten schnell an weit entfernte Truppenverbände übermittelt und diese von einem Führungszentrum aus nach einheitlichem Plan operativ geführt werden.

Als im letzten Drittel des 19. Jahrhunderts infolge des weiteren Aufschwungs der Produktivkräfte die Waffentechnik ungeahnte Fortschritte machte, bahnten sich mit dem Mehrladegewehr, dem Schnellfeuergeschütz mit Rohrrücklauf, dem rauchlosen Pulver und der hochbrisanten Sprenggranate entscheidende Änderungen in der Kriegskunst an. Eine weitere Auflockerung der Gefechtsordnung wurde erforderlich. Feldbefestigungen erlangten immer größere Bedeutung. Die Feuerkraft von Infanterie und Artillerie nahm erheblich zu. Neben die Waffengattungen Infanterie, Artillerie und Kavallerie traten Pionier-, Eisenbahn- und Telegrafentruppen als Spezialtruppen. Das rasche Bevölkerungswachstum und die sich allmählich durchsetzende allgemeine Wehrpflicht in allen Großstaaten (außer England) gestatteten die Formierung von Massenheeren.

Alle Widersprüche des Kapitalismus gelangten zur vollen Entfaltung. Die Aufteilung der Welt durch die kapitalistischen Mächte in Kolonialgebiete und Einflußsphären sowie die ungleichmäßige Entwicklung der kapitalistischen Länder führten zu ernsthaften ökonomischen und politischen Konflikten, die ein Wettrüsten auslösten, das mit Beginn der imperialistischen Ära neue Dimensionen annahm. Das Maschinengewehr (Tafel 114), Artilleriegeschütze mit hoher Feuerkraft, die einsetzende Verwendung des Verbrennungsmotors für

Sachsen, Attila Kaiser Friedrichs III.
als Chef des 2. Husarenregiments Nr. 19

Braunschweig, Waffenrock für Offiziere
des Infanterieregiments Nr. 92, 1848 bis 1886

Sachsen-Weimar, Attila für Mannschaften
(Sergeant) der Ordonnanzgendarmerie, bis 1914

Preußen, Ulanka für Offiziere
(Oberleutnant) des Ulanenregiments Nr. 15, 1910

den Land-, Luft- und Seekrieg, das Flugzeug und das Unterseeboot sowie neue Nachrichten- und Pioniermittel führten erneut Änderungen in der Organisation, Struktur, Ausrüstung und Ausbildung der Streitkräfte sowie in der Kriegführung herbei.

Bereits im Krimkrieg 1853 bis 1856 war die Wechselwirkung zwischen kapitalistischer Produktionsweise, Waffentechnik und Kriegführung klar zutage getreten. Der amerikanische Bürgerkrieg 1861 bis 1865 brachte grundlegend neue Erscheinungen im bewaffneten Kampf hervor, die jedoch in den Generalstäben der europäischen Militärmächte nur geringe Beachtung fanden. In den Kriegen Sardinien-Piemonts und Frankreichs gegen Österreich 1859 sowie Preußens und Österreichs gegen Dänemark 1864, im Preußisch-Österreichischen Krieg 1866 und im Deutsch-Französischen Krieg 1870/71 wurde offenbar, daß die gestiegene Feuerkraft eine in hohem Maße aufgelockerte Gefechtsordnung erforderte. Die Kompaniekolonnen, die den in Schwarmlinie vorgehenden Schützen folgten, erwiesen sich den dichtgestaffelten Bataillonskolonnen überlegen. Schließlich lösten sich im Deutsch-Französischen Krieg die Kompaniekolonnen in jene dichten Schützenschwärme auf, die von oben bisher als ordnungswidrig abgelehnt worden waren. Der Soldat, schrieb Friedrich Engels, «war wieder einmal gescheiter gewesen als der Offizier; die einzige Gefechtsform, die bisher im Feuer des Hinterladers sich bewährt, hat er instinktmäßig gefunden und setzte sie trotz des Sträubens der Führung erfolgreich durch».

In der Ausbildung wurde dieser Gefechtsform vorläufig noch nicht Rechnung getragen; denn in allen europäischen Armeen dominierte noch immer ein reaktionärer Konservatismus, der Taktik und Ausbildung hinter der technischen Entwicklung zurückbleiben ließ. Die vom Kronprinzen Wilhelm 1886 geäußerte Maxime «Der Soldat darf nicht denken, sonst denkt er Unsinn» widerspiegelte die Absicht der damaligen reaktionären Armeeführungen, die Truppe im Kadavergehorsam zu halten.

Siebzig Tage Pariser Kommune offenbarten die Kraft des um sein Recht kämpfenden bewaffneten Volkes. Als bewaffnete Macht der Pariser Kommune machte die Nationalgarde einen Wandel durch. Aus der bürgerlichen Milizorganisation wurde eine revolutionäre, aufs engste mit den Volksmassen verbundene und dem Wesen nach proletarische Militärorganisation. Die allgemeine Volksbewaffnung, die während des heldenhaften Kampfes der Pariser Kommunarden erstmals proletarischen Charakter annahm, äußerte sich in Uniformen und Bekleidung (Tafeln 95, 96). Die Angst vor dem «roten Gespenst» beeinflußte von nun an immer stärker die Erwägungen und Entschlüsse der reaktionären Armeeführungen.

Der mit der sich ausbreitenden Großindustrie einhergehende Strukturwandel der Bevölkerung bedingte, daß die Zahl der Soldaten aus Großstädten und Industriegebieten zunahm. Erziehung zu blindem Gehorsam, Drill, chauvinistische und nationalistische Verhetzung sollten die Soldaten zu einem stumpfsinnigen Werkzeug imperialistischer Gewaltanwendung nach außen und innen machen und das sich in den Kasernen ausbreitende proletarische Klassenbewußtsein verdrängen. Andererseits verlangten Waffen, Technik und Kriegskunst mehr und mehr selbständig handelnde Soldaten. Dieser Widerspruch, der dem modernen Militarismus von Beginn an anhaftete, beeinflußte auch die Uniformentwicklung.

Seit den vierziger Jahren des 19. Jahrhunderts bestimmten Waffenrock und lange Hose sowie das Hüftkoppel (Tafel 80/Figur 1; Tafel 81/Figuren 1, 2), das das gekreuzte Lederzeug verdrängte, die weitere Entwicklung und das Äußere des Militärs in den meisten europäischen Armeen bis zum Ausbruch des ersten Weltkrieges. Freilich machte diese Uniform im Detail noch manche Änderungen durch, doch in ihrer Grundstruktur war sie mit Waffenrock, Hüftkoppel und langer Hose geprägt.

Fast zur gleichen Zeit, als in Preußen der Waffenrock und die Pickelhaube eingeführt wurden, entschied sich das französische Kriegsministerium für einen einreihigen Waffenrock (Tafel 81/Figur 1), dessen legerer Schnitt in Belgien, den Niederlanden, Schweden, Spanien und anderen kleineren europäischen Ländern nachgeahmt wurde. Auch das französische Käppi (Tafel 94/Figur 4), vorerst noch in steifer Form, beeinflußte die Kopfbedeckung vieler Armeen.

Der Krimkrieg gab Großbritannien (Tafel 99) und Rußland (Tafel 90) den letzten Anstoß, den Waffenrock einzuführen. In Rußland knüpfte man bei der Gestaltung des Waffenrocks an den traditionellen Uniformstil an. Das ständig im Einsatz befindliche Kaukasuskorps trug den unter Feldbedingungen günstigeren Waffenrock schon vor 1855. Auch die österreichische Armee wahrte bei Einführung des Waffenrocks 1849 ihr traditionelles Äußeres. Ende der sechziger Jahre wurde anstelle der weißen Grundfarbe Blaugrau verordnet. Als in den frühen achtziger Jahren Bluse und Feldmütze vorgeschrieben wurden, hatte die k.u.k. Armee eine taugliche Felddienstuniform (Tafel 102). Allerdings wurde erst

1909 begonnen, die Infanterie und die Landwehr mit einer wie die Bluse geschnittenen hellgrauen Jacke auszustatten (Tafel 103).

Militärtechnik und Kriegskunst machten in der zweiten Hälfte des 19. Jahrhunderts bequeme und praktische Uniformen in unauffälligen Farben zur Bedingung. Die Einheitsuniform (Tafeln 101, 102, 103, 104, 106, 107, 108, 113, 114) für alle Waffengattungen und Spezialtruppen stand auf der Tagesordnung, jedoch die konkrete Uniformentwicklung hinkte diesem Erfordernis nach. Die khaki- oder erdfarbene Felddienstuniform setzte sich nur zögernd durch. Besonders bei der Kavallerie hielt sich noch die unnütze Formen- und Farbenvielfalt. Auffallend zählebig war die unbequeme und unzweckmäßige Parade- und Offiziersuniform (Tafel 100/Figur 1; Tafel 105/Figur 1; Tafel 108/Figur 2; Tafel 109/Figur 1). Mit ihnen sollte Macht bzw. die sozial exklusive Stellung des Offiziers demonstriert werden. Ludwig Renn weiß vom Aufwand bei einer Offiziersuniform zu berichten: «So hatte ich mir auch eine Schärpe gekauft, die einfach ein langes silbergraues Band war mit zwei dicken Quasten. Ich hatte nach den dicksten und schwersten gefragt, auch weil das am vornehmsten war. Aber jetzt beim Binden zogen die schweren Quasten die Schärpe links herunter. Um das zu vermeiden, schnürte mir Rolf den Bauch so ein, daß ich kaum atmen konnte. Jetzt schlug aber wieder der Waffenrock Falten, obwohl er auf Taille geschneidert war und innen ein Taillierband hatte, das mit einem Stahlhaken geschlossen wurde, bevor man zuknöpfte. Rolf zeigte mir, wie man die Falten, wenigstens von vorne fortstreicht. Jetzt schraubte er vom Helm die silberne Spitze ab und schraubte die noch viel dickere Silberstange darauf, die den Helmbusch trug. Dieser Busch war bei unserem Regiment schwarz und bei den Mannschaften aus Pferdehaaren, bei uns Offizieren aber aus Büffelhaar, das etwas wellig und breit ausfiel.»

Als der deutsche Imperialismus den ersten Weltkrieg entfesselt hatte, zeigte sich sehr bald, daß die Uniformen vieler kriegführender Armeen den Kriegserfordernissen nur wenig entsprachen. Die Farbenvielfalt verschwand völlig. In Schnitt und Farbe bahnte sich eine gewisse übernationale Nivellierung an, die sich seitdem noch verstärkt hat, die jedoch bis heute die nationalen Traditionen bezüglich Schnittformen und Abzeichen nicht zu eliminieren vermochte. Andererseits blieb die Uniform jener militärische Ausrüstungsgegenstand, dessen Gestaltung nicht zuletzt auch den Kampf zwischen Fortschritt und Reaktion widerspiegelt.

BILDTAFELN SAMT ERLÄUTERUNGEN

1   Pikenier, 1. Hälfte des 17. Jahrhunderts

2   Musketier, 1. Hälfte des 17. Jahrhunderts

3   Polnischer Lanzenreiter, 1. Hälfte des 17. Jahrhunderts

4a Luntenschloßgewehr (Muskete)
4b Gewehrgabel

5   Lanze

6   Infanteriesturmhaube

1

In der ersten Hälfte des 17. Jahrhunderts verstärkten sich die Tendenzen einer einheitlichen militärischen Bekleidung. Die Zunahme uniformer Elemente in der Kriegstracht war eng verknüpft mit der Herausbildung von Waffengattungen und Spezialtruppen, deren spezifische taktische Funktion eine relativ einheitliche Bewaffnung und Ausrüstung erforderte.
Die Infanterie unterteilte sich in Musketiere und Pikeniere. Die Musketiere waren ungepanzert. Teilweise trugen sie noch Helme, in der Mehrzahl jedoch schon breitkrempige Hüte. Die Pikeniere waren mit einem Halbküraß ausgestattet. Die schwere Kavallerie schied sich in Kürassiere und Lanzenreiter. Der abgebildete Lanzenreiter der polnischen Adelsreiterei war relativ leicht gepanzert. Ein besonders martialisches Aussehen erhielt er durch das über der Brust geschlossene Löwen- oder Tigerfell und die am Rücken befestigten Flügel, mit Federn besteckte Holzbügel. Eine ihrer praktischen Funktionen war die Abwehr von Fangseilen.

1 Offizier, 1. Hälfte des 17. Jahrhunderts

2 Kürassier, 1. Hälfte des 17. Jahrhunderts

3 Degen, Ende des 16./Anfang des 17. Jahrhunderts

4 Degen mit Glockenkorb, 1. Hälfte des
   17. Jahrhunderts

5 Degen, Anfang des 17. Jahrhunderts

6 Polnischer Säbel, 17. Jahrhundert

Im Verlauf des Dreißigjährigen Krieges vereinheitlichte sich das Soldatenbild weiter, wenn auch in den Wirren der letzten Kriegsjahre eine gegenläufige Tendenz auftrat. Die Kriegstracht fast aller Soldaten bestand aus Lederkoller, herabfallendem Kragen, weiter Pumphose und breitkrempigem Filzhut.

Der abgebildete Offizier ist charakteristisch für das Erscheinungsbild des Soldaten im Dreißigjährigen Krieg. Die Offiziere waren im allgemeinen wie die Soldaten bekleidet, jedoch prächtiger geschmückt. Zwar mußten die Söldner für ihre Bekleidung überwiegend selbst aufkommen, jedoch gingen Söldnerführer und Regimentsinhaber mehr und mehr dazu über, Bewaffnung und Ausrüstung für ihre Truppen zu beschaffen. Das führte auch zu einer größeren Vereinheitlichung in der Bekleidung. Manche Truppenteile, besonders in der schwedischen Armee, trugen auch schon gleichfarbige Röcke. Häufig wurden die Truppen durch verschiedenfarbene Schärpen unterschieden.

1 Französischer Infanterieoffizier um 1670

Die französische Infanterie erhielt seit etwa 1670 nach und nach Woll-
uniformen. Die Regimenter unterschieden sich durch verschieden-
farbene Unterkleidung und Aufschläge sowie die Anordnung und die
Zahl der Knöpfe und der Taschenklappen. Den Offizieren war
Farbe und Schnitt der Uniform noch völlig freigestellt. Wichtige
Kennzeichen der Offiziersuniform waren der Tressenbesatz und der
Ringkragen.

3

2 Französischer Artillerist um 1675

Die Uniform der französischen Artillerie war von Anfang an blau
mit roten Abzeichen. Eine häufige Kopfbedeckung im französischen
Heer war die Zipfelmütze.

3 Grenadier des Regiments «Gardes-françaises» am Ende des 17. Jahrhunderts

Das 1563 gegründete Regiment erhielt blau-rote Uniformen entsprechend den Livreefarben des französischen Königshauses. Dazu
kam der für Garderegimenter typische Litzenbesatz. Die roten
Achselbänder waren eine besondere Auszeichnung dieses Regiments,
dessen Grenadiere auch den breitkrempigen Filzhut trugen.

3a Patronentasche

Die lederne Patronentasche, wie sie im Felde getragen wurde, zeigt
das Wappen der Bourbonen. Zum Wachdienst in der Residenz des
Königs trug das Regiment rote Patronentaschen mit gelbem Rand
und goldener Wappenstickerei.

1 Französischer Kürassier um 1668

In Frankreich gab es nur ein einziges Kürassierregiment, das 1665 errichtet worden war. Als königliches Regiment war es in die Livreefarben Blau und Rot gekleidet. Im Felde wurde zum Küraß die eiserne Sturmhaube getragen, sonst nur der mit Bortenbesatz versehene Hut.

2 Französischer Reiter um 1685

Die französischen Reiterregimenter waren wie die der Infanterie in ihrer Mehrheit in verschiedenen Grautönen gekleidet. Unter dem Tuchrock wurde ein Lederkoller mit Ärmeln getragen. Der Hut hatte eine metallene Einlage zum Schutz gegen Säbelhiebe.

3 Französischer Dragoner um 1700

Die französischen Dragoner erhielten 1690 in der Mehrheit rote Röcke und Zipfelmützen. Eine Ausnahme bildeten die königlichen Regimenter mit ihren blauen Uniformen. In Bewaffnung und Ausrüstung waren die Dragoner ähnlich wie die Infanterie ausgestattet.

1 Schwedischer Reiter um 1675
Obwohl noch das alte Lederkoller getragen wurde, wird schon das typische Erscheinungsbild der späteren Kürassiere sichtbar. Der Panzer war bereits auf eine Brustplatte reduziert. Die bunten Borten an den zurückgehakten Schößen wurden zu einem Kennzeichen vieler Kürassieruniformen.

2 Schwedischer Infanterist Ende des 17. Jahrhunderts
In der Mitte des 17. Jahrhunderts setzten sich in den schwedischen Infanterieregimentern Grundzüge der Uniformierung durch. Die Regimentsfarben lehnten sich an die Fahnen und Wappen der jeweiligen Landesteile an, aus denen sich das Regiment rekrutierte. Auffallend an der abgebildeten Uniform vom Västmanlands Infanterieregiment waren die zurückgehakten Schöße, die senkrechten Taschenklappen im französischen Stil sowie die Zipfelmütze.

3 Dänischer Grenadier um 1709
Charakteristisch für die Uniform des 1701 als Gardetruppe gebildeten Grenadierkorps war der reiche silberne Litzenbesatz. Interessant sind die schmalen und sehr praktischen polnischen Aufschläge in einer Zeit, in der überwiegend sehr breite und unpraktische Ärmelaufschläge getragen wurden. Die Kopfbedeckung ist eine Frühform der spitzen Grenadiermütze.

3a Patronentasche des Grenadiers

1 Britischer Infanterist Ende des 17. Jahrhunderts
Anfangs überwog bei den Regimentern der Linieninfanterie die graue Farbe der Uniform. Die Regimenter unterschieden sich meist in der Hauptfarbe der Aufschläge und der Unterkleidung sowie in der Zahl und der Anordnung der Knöpfe.

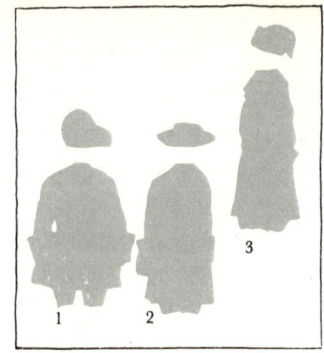

2 Britischer Artillerist Ende des 17. Jahrhunderts
Bemerkenswert an dieser Uniform ist der reiche Litzenbesatz, der sich an brandenburgische Vorbilder anlehnte. Die rote Grundfarbe wurde von der englischen Artillerie später mit der blauen vertauscht.

6

3 Britischer Dragoner 1672
Die später charakteristische scharlachrote Grundfarbe der britischen Uniform wurde sehr früh von berittenen Einheiten getragen. Die blauen Ärmelaufschläge zeigen an, daß der Dragoner einem Regiment des Königs angehörte. Ein typisches Kennzeichen der britischen Dragoner in dieser Zeit waren die mit hohem Pelzbesatz verbrämten Zipfelmützen.

1 Russischer Strelitze um 1675
   Die Strelitzen als die ersten uniformierten russischen Truppen bildeten im 17. Jahrhundert den schlagkräftigen Kern des russischen
   Fußvolkes. Sie waren mit Streitäxten bewaffnet, die, in den Boden
   gerammt, als Stütze beim Schießen mit der schweren Luntenschloß-
   muskete dienten. Gegen Ende des 17. Jahrhunderts wurden die
   Streitäxte durch kurze Piken ersetzt.

2 Russischer Füsilier zu Beginn des 18. Jahrhunderts
   Das von Peter I. um die Wende vom 17. zum 18. Jahrhundert neu for-
   mierte russische Heer war durchgehend uniformiert. Der Schnitt und
   die Bestandteile der Uniform entsprachen dem allgemeinen europäischen Uniformstil. Die für die russische Infanterie charakteristische
   Mütze war sehr praktisch, da die farbigen Ränder über die Ohren geklappt werden konnten. Gleichzeitig wurden aber auch niedrige, dreieckige Hüte getragen. Bis 1720 war die Wahl der Uniformfarben den
   Regimentschefs überlassen, jedoch dominierte Grün als Grundfarbe.

3 Russischer Bombardier der Artillerie um 1715
   Die Artillerie hatte die gleiche Uniform wie die Infanterie, jedoch
   in roter Grundfarbe mit blauen Ärmelaufschlägen und blauem Rockfutter. Die Bombardiere galten als Eliteeinheiten der Artillerie und
   trugen eine ähnliche Kopfbedeckung wie die Gardegrenadiere.

1   Kroatischer Reiter um 1650
    Die kroatischen Reiter waren, ähnlich wie die ungarischen Husaren,
    eine Art Volksmiliz, aufgeboten vor allem zur Verteidigung der
    Grenze gegen die anbrandende türkische Expansion. Nach ihrer
    Bewaffnung mit Lanzen, Krummsäbeln nach orientalischem Vor-
    bild und Pistolen zählten sie zur leichten Kavallerie. Ihre National-
    tracht – spitze, mit Fell besetzte und mit einem Stutz verzierte
    Tuchmützen, lange Kaftane in kräftigen Farben, die über der Brust
    mit zahlreichen geflochtenen Schlaufen oder Schnüren und hölzernen
    Knebeln geschlossen wurden, rote oder gelbe Lederstiefel – wurde
    in modifizierter Form von anderen Armeen für ähnliche Einheiten
    übernommen.

2   Polnischer leichter Reiter um 1702 vom Walachenregiment
    Die polnischen leichten Reiter trugen eine Nationaltracht. Die gleiche
    Grundfarbe sollte den im Schnitt nicht einheitlichen Kostümen einen
    uniformartigen Charakter verleihen.

3   Österreichischer Husar um 1710
    Die ungarische Nationaltracht wurde zum Vorbild aller Husaren-
    uniformen. Die ersten Husarenregimenter des österreichischen Hee-
    res entstanden 1688. Ihre Bekleidung wies bereits die für die folgenden
    Jahrhunderte charakteristischen Züge der Husarenuniform auf, war
    jedoch noch nicht so verschnörkelt.

1   Österreichischer Musketier um 1690
    Die allgemeine Uniformierung des österreichischen Heeres begann
    ebenfalls im letzten Drittel des 17. Jahrhunderts. Zwar bestimmten
    zu dieser Zeit noch die Regimentschefs, wie die Uniform gestaltet
    sein sollte, doch herrschte als Grundfarbe bereits Hellgrau vor.

2   Österreichischer Musketier um 1708
    Im Dezember 1707 wurde in der österreichischen Armee Perlgrau
    als Grundfarbe der Infanterieuniform verordnet. Allerdings dauerte
    es mindestens ein Jahrzehnt, ehe sich die einheitliche Uniform an-
    nähernd durchgesetzt hatte. Die Rabatten der abgebildeten Uni-
    form waren in dieser Zeit ein selten vorkommendes Regimentsab-
    zeichnen. Eine weitere Besonderheit war das hinten geknotete Hals-
    tuch.

3   Österreichischer Grenadier um 1701
    Zu Beginn des 18. Jahrhunderts besaß jedes Infanterieregiment in
    der Regel 12 Musketierkompanien und eine Grenadierkompanie.
    Mit Ausnahme der Grenadiermütze waren die Grenadiere wie die
    Musketiere bekleidet.

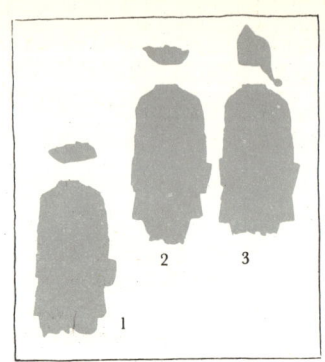

9

1 Sächsischer Infanterist um 1683

2 Sächsischer Artillerist um 1680
   Am Ende des 17. Jahrhunderts war die Grundfarbe der sächsischen
   Infanterieregimenter Grau. Auch die Artillerie war grau bekleidet.
   Nur das Leibregiment trug rote Röcke. In der ersten Hälfte des
   18. Jahrhunderts setzten sich dann Grün und Rot als Uniformfarben
   durch.

10

3 Kurbrandenburgischer Infanterist um 1681

4 Kurbrandenburgischer Artillerist um 1690
   In den achtziger und neunziger Jahren des 17. Jahrhunderts setzte
   die durchgehende Uniformierung der kurbrandenburgischen Truppen ein. Bei den Infanterieregimentern überwog der später typische
   dunkelblaue Rock, doch gab es auch rot und grau bekleidete Regimenter. Allerdings war die Uniformierung wie bei allen europäischen Heeren dieser Zeit noch sehr ungleichmäßig und regellos. Bei
   der Artillerie war das stärker ausgeprägt als bei der Infanterie.

5 Luntenspieß

6 Spieß

1 Bayrischer Musketier um 1682
1a Seitenansicht der Muskete
1b Patronentasche
1c Degenbandelier
1d Mannschaftsdegen
1e Spundbajonett

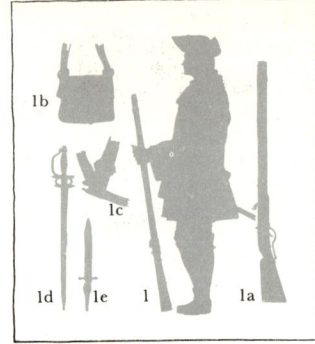

11

Für Bayern ist das Jahr 1671 als Beginn der Uniformierung nachweisbar. Farbe und Form der Bekleidung waren jedoch sehr unterschiedlich. Überwog anfangs der graue und weiße Rock, so setzte sich in den achtziger Jahren des 17. Jahrhunderts Hellblau durch. Die hellblaue Uniformfarbe wurde in der Kombination mit weißem Litzenbesatz typisch für Bayern. Die Unteroffiziere hatten als Rangabzeichen betreßte Ärmel, und die Offiziere trugen als Dienstzeichen eine blaue Schärpe mit Silberfransen.

Die Bewaffnung und die Ausrüstung des bayrischen Musketiers waren kennzeichnend für den allgemeinen Entwicklungsstand des ausgehenden 17. Jahrhunderts. Wurde das Spundbajonett aufgesteckt, konnte mit der Muskete nicht gefeuert werden.

1 Bayrischer Kürassier um 1690

1a Pallasch der bayrischen Kürassiere

1b Schabracke und Schabrunke für Mannschaften der bayrischen Kürassiere (Regiment Weichel)

Die Uniform des Kürassierregiments Weichel war charakteristisch
für die Bekleidung der Kürassiere bis Anfang des 18. Jahrhunderts.
Neben der Sturmhaube oder Zischägge wurde auch ein schwarzer,
mit goldener Borte eingefaßter Hut getragen. Im 18. Jahrhundert
wurde es allgemein üblich, die Regimentsabzeichen auch an Schabracken und Schabrunken anzubringen.

12

2 Sächsischer Offizier der Leibgarde zu Pferde um 1700

2a Schabracke und Schabrunke für Offiziere der Leibgarde zu Pferde.
Diese Formation wurde auch als Garde du Corps geführt. Ähnliche
Grenadiermützen trugen die berittenen Grenadiere der preußischen
Armee. Die Farben Rot und Grün wurden zu Grundfarben in der
sächsischen Uniformentwicklung.

13

1 Preußischer Grenadier Ende des 17. Jahrhunderts
Besonders charakteristisch an dieser Uniform vom Infanterieregiment Fürst Leopold von Dessau war die erstmals im preußischen Heer auftretende spitze Grenadiermütze sowie der nicht mehr benötigte Luntenberger auf dem Bandelier, der nunmehr als traditionelles Requisit getragen wurde. Nach einer Verordnung von 1691 sollten alle Bataillone blau bekleidet sein, die Garde mit weißen, die übrige Infanterie mit roten Abzeichen.

2 Füsilier der bayrischen Infanterie Anfang des 18. Jahrhunderts
Die bayrische Infanterie hatte seit 1684 hellblaue Röcke erhalten. Charakteristisch für die abgebildete Uniform vom Leibregiment waren die weißen Aufschläge und der reiche Tressenbesatz. Die Strümpfe wurden durch eine Art Gamaschen aus Tuch oder Leder geschützt.

3 Seitenansicht des bayrischen Steinschloßgewehrs

4 Unteroffizierskurzgewehr

1 Hessen-Darmstädtischer Dragoner um 1717
1a Schabracke mit Schabrunke

Die Uniform des Regiments Prinz Franz-Ernst ist charakteristisch für die allgemeine Bekleidung der Dragoner in den europäischen Armeen am Ende des 17. und zu Anfang des 18. Jahrhunderts. Entweder trugen alle Dragoner einer Armee gleichfarbene Röcke mit verschiedenfarbigen Aufschlägen, oder die Regimenter unterschieden sich durch die Farbe der Röcke. Die beiden hessischen Dragonerregimenter des 19. und des 20. Jahrhunderts führten traditionsgemäß die dunkelgrüne Grundfarbe ihrer Uniform weiter.

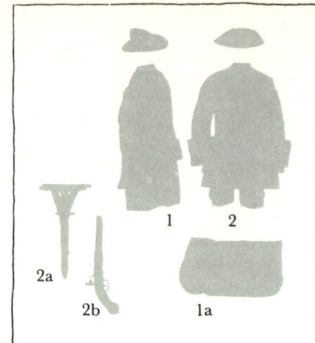

14

2 Hannoverscher Artillerist um 1700
2a Hirschfänger
2b Steinschloßpistole

Eine Besonderheit dieser Uniform waren die zwei in schwarzen Halftern steckenden Pistolen sowie ein Hirschfänger am Koppel. Der rote Rock weist auf die politische Bindung Hannovers zu England hin.

1 Grenadier des preußischen Gardebataillons um 1745
Friedrich II. löste nach seinem Regierungsantritt die sogenannte
Riesengarde seines Vorgängers auf und ließ nur ein Bataillon be-
stehen. Bemerkenswert an dessen Bekleidung ist die ungewöhnlich
hohe Grenadiermütze. Der Schnitt der Weste war bis etwa 1750
charakteristisch. Danach wurden die Schöße verkürzt und vorn abgeschrägt.

2 Preußischer Infanterist um 1760
Diese Uniform vom Regiment von Canitz wurde von 1750 bis 1769
getragen. Im Sommerhalbjahr gehörten dazu weiße, im Winter
schwarze Gamaschen. Die Schulterklappen verliehen den Bandeliers und sonstigen Trageriemen der Ausrüstung besseren Halt.

3 Preußischer General um 1757
Die Generale trugen in der Regel die Uniform des Regiments, dessen
Chef sie waren. Ihre Uniform unterschied sich von derjenigen der
Offiziere durch reicher verzierte Blankwaffen und durch einen Drei-
spitz mit Plumage, eine um den Hut herumgelegte Straußenfeder.
Erst gegen Ende des 18. Jahrhunderts wurde in Preußen eine beson-
dere Generaluniform eingeführt.

15

1   Preußischer Kürassieroffizier um 1757
    Die preußischen Kürassiere trugen wie der abgebildete Offizier vom
    Regiment v. Seydlitz zunächst gelblederne Koller. Nach 1735
    kamen hellgelbe Kolletts aus Tuch auf. Der Küraß bestand nur noch
    aus einem Brustpanzer. Der Tressenbesatz der Hüte fiel während
    des Siebenjährigen Krieges weg, dafür wurde 1762 ein weißer Stutz
    eingeführt, der bei den Offizieren eine schwarze Wurzel und bei den
    Unteroffizieren eine schwarze Spitze hatte.

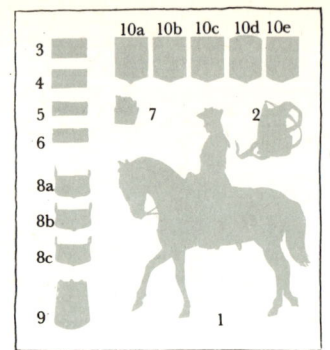

16

2   Offiziersküraß

3   Kollettborte

4   Trompeterkollettborte

5   Westenborte

6   Trompeterwestenborte

7   Unteroffizierstresse

8a,
8b,
8c Kartuschen der Kürassierregimenter 1, 3 und 10

9   Säbeltasche

10a,
10b,
10c,
10d,
10e Schabrunken der Kürassierregimenter 1, 5, 8, 10 und 12

1 Preußischer Dragoner um 1762

1a Schabracke des Dragonerregiments von Pomeiske

1b Dragonerpallasch mit Gehenk

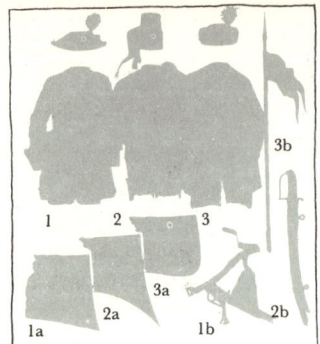

Die preußischen Dragoner trugen ebenso wie Kürassiere in den ersten Jahrzehnten des 18. Jahrhunderts weiße Röcke. In den vierziger und fünfziger Jahren des 18. Jahrhunderts bekamen sie hellblaue Röcke. Die Ärmelaufschläge erhielten den schwedischen Schnitt. Auf der rechten Schulter waren Achselschnüre in der Knopffarbe angebracht.

2 Preußischer Husar um 1744

2a Schabracke des Husarenregiments von Ruesch

2b Husarensäbel

Unter Friedrich II. wurden die Husarentruppen beträchtlich verstärkt. Die Uniformierung war ähnlich wie in den anderen europäischen Armeen. Neben der Pelzmütze wurde auch die Flügelmütze getragen. Das 5. Husarenregiment hatte an der Mütze einen gestickten Totenkopf.

3 Bosniak des preußischen Bosniakenkorps um 1760

3a Schabracke des Bosniakenkorps

3b Lanze des Bosniakenkorps

Das Bosniakenkorps wurde von Friedrich II. während des Siebenjährigen Krieges angeworben.

1 Sächsischer Artilleriefüsilier-Korporal

1a Pistole mit Bandelier

1b Kurzgewehr

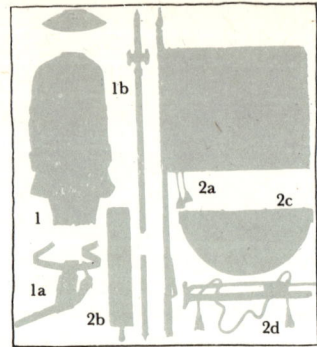

1728 wurde zur Bedeckung der Artillerie eine spezielle Füsilierformation aufgestellt, die wie die Artillerie gekleidet war.

Die sächsische Infanterie trug seit 1730 rote Röcke. Die Hosen waren lederfarben, die Strümpfe weiß. 1734 wurde ein weißer Infanterierock eingeführt, der 1742 zwei Knopfreihen erhielt; dafür entfielen die Rabatten. Der gegenüber der Mannschaftsuniform unterschiedliche Bortenbesatz kennzeichnete die vorliegende Korporalsuniform. 1745 bekamen der Offiziers- und der Unteroffiziersrock farbige Kragen. Eine Besonderheit der abgebildeten Uniform war die am Bandelier getragene Pistole für Gefreite, Korporale und Sergeanten.

2a Standarte

2b Bandelier

2c Pauke

2d Trompete

Die gestickte Standarte und die reichverzierten Musikinstrumente gehörten zum sächsischen Karabinierregiment.

89

1 Sächsischer Artillerie-Stabsoffizier um 1735
1a Ringkragen
1b Schärpe
1c Schabrunke
1d Schabracke

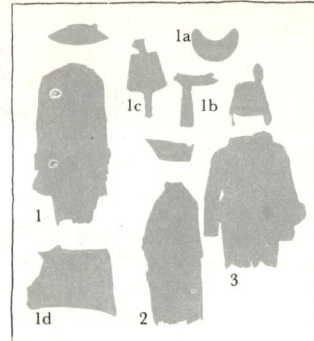

Die Uniform der sächsischen Stabsoffiziere war mit goldfarbener Borte reich verziert. Als Standessymbol wurden ein Ringkragen mit dem sächsischen Wappen und eine silberfarbene, mit einem roten Faden durchzogene Schärpe getragen.

2 Sächsischer Infanterieunteroffizier um 1785
Die weiße Grundfarbe der abgebildeten Uniform vom Regiment Prinz Clemens war von den dreißiger Jahren des 18. Jahrhunderts bis 1810 typisch für die sächsische Infanterie. Das Leibgrenadierregiment trug rote Röcke.

3 Trompeter der sächsischen Schillschen Husareneskadron um 1761
Charakteristische Uniformfarben der 1761 als Freikorps in sächsische Dienste getretenen Schillschen Husareneskadron waren Grün und Rot mit goldfarbenen Verschnürungen. Es wurden sowohl die Flügelmütze als auch die Pelzmütze getragen. Die Uniform der Trompeter war besonders reich verschnürt. Das erste reguläre Husarenregiment wurde erst 1791 aufgestellt.

1 Braunschweigischer Infanterist um 1776
Die Uniformierung der braunschweigischen Truppen lehnte sich in Schnitt und Farbgebung an das preußische Vorbild an. Allerdings hatte das Regiment Prinz Friedrich, das an England vermietet wurde und in Nordamerika zum Einsatz kam, keine Rabatten an den Röcken.

20

2 Hannoverscher Infanterist um 1758
Grundfarbe der hannoverschen Uniform blieb bis 1837 vorwiegend Rot. Die Farbe der mit einem Besatz versehenen Weste war bis 1730 das hauptsächliche Unterscheidungsmerkmal zwischen den Regimentern.

3 Braunschweigischer Dragoner um 1776
Die braunschweigische Kavallerie trug auf dem Hut einen weißen Stutz und eine schwarze Schleife.

4 Hannoverscher Dragoner um 1758
Charakteristisch für die hannoversche Kavallerie waren die reich verzierten Schabracken und Schabrunken. Die Trensenzügel des Regiments Dachenhausen (abgebildete Uniform) waren weiß.

5 Grenadiermütze der hannoverschen Linieninfanterie um 1756 bis 1763

6 Grenadiermütze der hannoverschen Garde um 1756 bis 1763
Die hannoverschen Grenadiere trugen seit Anfang des 18. Jahrhunderts spitze Grenadiermützen, geschmückt mit dem springenden Pferd, dem Abzeichen des Hauses Hannover.

1 Hamburger Infanterieoffizier um 1755
Charakteristisch für die Uniform in den Freien Hansestädten war die rote Grundfarbe. Das Hamburger Infanterieregiment wurde bereits 1690 aufgestellt.

2 Karabinier des Grafen von Schaumburg-Lippe-Bückeburg um 1758
Die eigentümliche Uniform des Karabinierkorps von Schaumburg-Lippe erinnert an Kriegstrachten früherer Jahrhunderte. Der elenslederne Koller wurde zu gelben wildledernen Hosen getragen; Stiefel, Harnisch und der mit Bärenfell verbrämte Eisenhelm waren schwarz. Bis 1758 gehörten auch eiserne Oberarmschienen zur Uniform.

3 Bayrischer Infanterist um 1782
Die hellblaue Grundfarbe des Rockes blieb, ausgenommen die Jahre 1785 bis 1799, bis 1914 typisch für die bayrische Uniform. Die Offiziere trugen erstmals Epauletten.

21

1 Österreichischer Kürassier um 1740
Die österreichischen Kürassiere trugen bis zum Ende der sechziger Jahre des 18. Jahrhunderts einen Küraß mit Brust- und Rückenteil. Die Eisenhaube war bereits in den zwanziger Jahren dem dreiseitig aufgestülpten Filzhut gewichen. Ein eiserner Kreuzbügel im Kopfteil machte ihn hiebsicher.

2 Österreichischer Dragoner um 1740
Die österreichischen Dragoner waren ähnlich bekleidet wie die Kürassiere. Anstelle des Küraß trugen sie einen Rock. Auch die Bewaffnung glich sich sehr. Die Grundfarbe der Uniform war regimentsweise unterschiedlich. Zwar wurde 1757 eine dunkelblaue Grundfarbe verordnet, infolge des Siebenjährigen Krieges mußten aber weiterhin die bisher üblichen roten, blauen und weißen Uniformen getragen werden.

3 Trenckscher Pandur um 1742
Das Freikorps des Abenteurers Franz Freiherr v. d. Trenck wurde 1741 aufgestellt. Es erwarb sich durch kühne Überfälle und Gewalttätigkeiten gegen die Bevölkerung einen zweifelhaften Ruf. Das verbindende uniforme Element war die nationale Tracht der südöstlichen Militärgrenze. Während die berittenen Panduren die pelzbesetzte Beutelmütze trugen, hatte das Fußvolk, das die Masse des Korps bildete, hohe, schwarze Mützen.

1 Österreichischer Artillerist des Feldartilleriekorps um 1760
Mit der Reorganisation der österreichischen Artillerie in den vierziger und fünfziger Jahren des 18. Jahrhunderts setzte sich auch endgültig eine einheitliche Uniform durch. Sie folgte im wesentlichen der Infanterieuniform, die Grundfarbe wandelte sich von Rehbraun zu Dunkelbraun, die Abzeichen waren rot. Den Kern des Feldartilleriekorps bildeten die Kanoniere, die in Büchsenmeisterkompanien organisiert waren.

23

2 Österreichischer Ingenieuroffizier um 1760
Das österreichische Ingenieurkorps wurde 1747 gegründet, das zahlenmäßig kleine Korps fand jedoch erst am Ende des 18. Jahrhunderts zu einer organischen Verbindung mit den Sappeuren und Mineuren.

3 Österreichischer Pionier um 1800
3a Beilfutteral der Pioniere
Im österreichischen Heer entwickelte sich eine eigentliche Pioniertruppe erst im 19. Jahrhundert. Um 1800 zählten die Pioniere nur einige Kompanien, deren Uniformrock an den der Jäger erinnert.

1 Österreichischer Infanterist (Füsilier der deutschen Infanterieregimenter) um 1760

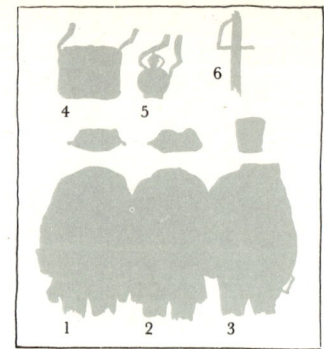

2 Österreichischer Infanterist (der ungarischen Infanterieregimenter) um 1760
Die Grundfarbe der Uniformen der österreichischen Infanterie wandelte sich in der ersten Hälfte des 18. Jahrhunderts von Perlgrau zu Weiß. Die Farben der Rabatten und Ärmelaufschläge waren regimentsweise verschieden: Das Kamisol war teils ein-, teils zweireihig. Die Regimenter ungarischer Nationalität, die in den Farben unterschiedliche, im Schnitt und in der Form jedoch an die nationale Tracht anklingende Uniformen trugen, wurden seit 1749 neu uniformiert und dabei den deutschen Infanterieregimentern angeglichen. Statt der schnürenbesetzten Oberkleidung wurde ein weißer Rock eingeführt, jedoch ohne Rabatten, aber mit farbigen Litzen. Das ungarische Gepräge blieb vor allem durch die schnürenbesetzte, dolmanähnliche Weste und in der über dieser getragenen Schnürenschärpe bewahrt.

3 Österreichischer Grenzinfanterist (Liccaner) um 1762
Für die Grenzinfanterie waren bis in die sechziger Jahre des 18. Jahrhunderts die farbenprächtigen Nationaltrachten charakteristisch.

4 Felltornister des österreichischen Heeres um 1765

5 Feldflasche des österreichischen Heeres um 1765

6 Österreichischer Infanteriesäbel um 1765

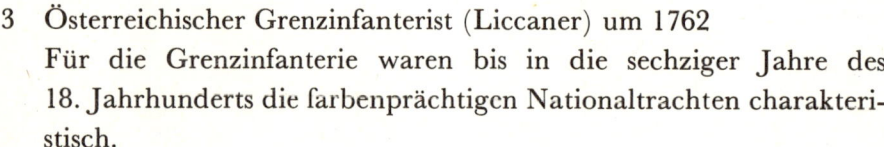

1 Österreichischer Grenadier um 1770

2 Österreichischer Infanterist (der ungarischen Regimenter) um 1770
2a Infanteriekaskett um 1770

Die österreichische Infanterieuniform änderte sich 1767 wesentlich und erhielt ein modernes Aussehen. Der weiße Rock wurde einreihig, die Rabatten entfielen. Kragen, Aufschläge und Schoßumschläge bildeten mit den farbigen Knöpfen die wichtigsten Unterscheidungsmerkmale der Regimenter. Während die deutschen Infanterieregimenter weiße Hosen mit schwarzen hohen Gamaschen bekamen, behielten die ungarischen Regimenter ihre farbigen, anliegenden Hosen. Bei der Grenadiermütze fiel der herabhängende Beutel weg. Das für die Infanterie neu eingeführte schirmlose Kaskett erwies sich als wenig praktisch.

3 Österreichischer Chevauleger um 1770

Die Chevaulegers, die zu den leichten Reitern zählten, unterschieden sich in der Bewaffnung kaum von den Kürassieren und Dragonern. Die Grundfarbe ihrer Uniform war Grün. Das Kaskett war höher als das übliche Infanteriekaskett. In den siebziger Jahren erhielt es einen Schirm.

1 Russischer Grenadier um 1740
Die russische Infanterie erhielt seit 1720 dunkelgrüne Uniformröcke. In den dreißiger Jahren bekamen die Grenadiermützen aus Tuch ein Vorderschild mit dem Regimentswappen.

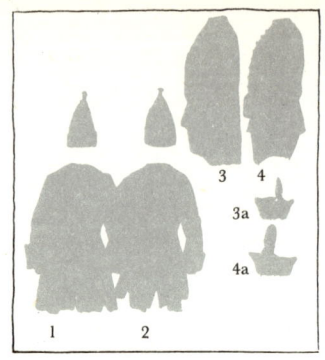

2 Russischer Grenadier 1762
1761/62 führte Peter III. Uniformen ein, die sich in Schnitt und Farbe weitgehend an preußische Modelle anlehnten. Ein großer Teil dieser Neuerungen wurde bereits 1762/63 unter der Zarin Katharina II. wieder rückgängig gemacht.

3 Russischer Infanterist um 1765
3a Russischer Jägerhut um 1770
Die neue Bekleidungsvorschrift von 1763 verordnete für die Röcke der Infanterie ein helleres Grün. Die Ärmelaufschläge wurden wieder rund. Die unter Peter III. eingeführten Rabatten wurden beibehalten. Da im Sommer nur das Kamisol ohne Rock getragen wurde, erhielt dieses einen kleinen Kragen und grüne Ärmelaufschläge. Auf der linken Schulter wurden geflochtene Achselstücke eingeführt.

4 Russischer Jäger um 1770
4a Russischer Infanteriehut um 1765
In der zweiten Hälfte der sechziger Jahre des 18. Jahrhunderts wurden erstmals Jägerkompanien errichtet. Die Jäger waren mit einem grünen Kamisol bekleidet, das einen gleichfarbigen Kragen, spitze Aufschläge und schwarze Verschnürungen hatte.

1 Russischer Kanonier der Artillerie um 1730

2 Russischer Trainsoldat der Artillerie um 1730
2a Mütze eines Trainsoldaten
   Der Rock der Artilleristen erhielt ebenso wie der der Infanteristen 1720 einen kleinen Kragen. Zöpfe, Manschetten und Gamaschen erschienen 1729 erstmalig bei der Artillerie.

27

3 Russischer Kanonier der Artillerie um 1758
   Im Unterschied zur Artillerie der meisten europäischen Heere waren die russischen Kanoniere mit dem üblichen Infanteriegewehr ausgerüstet. Sie trugen deshalb eine Pulverflasche am Bandelier sowie eine Patronentasche am Leibriemen. Für diese Tasche wurde 1757 ein Messingdeckel mit dem gekrönten Namenszug der Zarin eingeführt. Die Uniform hatte die rote Grundfarbe beibehalten, erhielt jedoch schwarze Kragen und Aufschläge.

4 Russischer Regimentsartillerist der Landmiliz um 1765
4a Hut der Regimentsartillerie
   Ebenso wie bei der Infanterie wurden bei der Artillerie 1762 Rabatten eingeführt. Die weiße Grundfarbe des Rockes war für die Regimenter der Landmiliz vorgeschrieben.

5 Mütze des Bombardierkorps um 1758
   Die russische Artillerie nahm unter Generalfeldzeugmeister Graf Schuwalow einen großen Aufschwung. Das Bombardierkorps, das äußerlich durch eine besondere Mütze gekennzeichnet war, sollte vor allem auch neuentwickelte Geschütze erproben und bedienen.

1 Russischer Kürassier um 1765
1a Dragonerpallasch 1756–1762

2 Russischer Kürassier um 1785
Kürassiere gab es in der russischen Armee seit 1731. Das damals verordnete rote Kamisol wurde 1763 durch ein grünes ersetzt. Gleichzeitig wurden lederfarbene Kolletts mit grünen Kragen und Aufschlägen sowie Pallaschtaschen, ähnlich den Säbeltaschen der Husaren, eingeführt. Seit 1778 kamen wieder verschiedenfarbige Regimentsabzeichen auf.

3 Russischer Dragoner um 1765
Die russischen Dragoner hatten seit 1720 eine Uniform in blauer
Grundfarbe. Der Kavalleriemantel sollte den Reiter und seine Aus-
rüstung schützen. Als 1775 die Dragoner reorganisiert und als schwere
Kavallerie eingestuft wurden, erhielten sie grüne Röcke mit roten
Kragen und Aufschlägen, gelbe Kamisole und Beinkleider sowie statt
der hohen Reitstiefel niedrige Stiefel. Der Pallasch wurde durch den
Säbel ersetzt.

1 Dragoner der Volontaires du maréchal de Saxe 1745
Die etwa 1 000 Mann starke Kavallerieformation, die 1743 für französische Dienste aufgestellt wurde, bestand zur Hälfte aus Dragonern und Ulanen. Auch die mit Lanzen bewaffneten Ulanen waren in den sächsischen Farben Grün-Rot uniformiert und trugen Helme. Die hier abgebildete Uniform wurde das Vorbild bei der Neuuniformierung der französischen Dragoner, die 1762 begann. Die Regimenter unterschieden sich durch die Abzeichen auf den grünen Röcken. Die Schulterschnüre wurden 1757 durch Epauletten auf der rechten Schulter ersetzt.

29

2 Französischer Husar um 1758
Diese Uniform des Regiments Nassau-Saarbruck ist typisch für die französischen berittenen Jäger- und Husarenregimenter bis 1762. Die Jägerregimenter waren grün uniformiert mit hellroten Pelzen und schwarzen Flügelmützen. Nach 1762 erhielten die Husarenregimenter grüne Pelze und Dolmane mit weißen Schnüren sowie rote Hosen.

2a Säbeltasche

3 Schabracke und Schabrunke vom Regiment Royal-Allemand um 1786
Seit etwa 1730 wurden die Farben der Regimenter auch auf der Pferdeausrüstung angebracht.

4 Offizierspallasch der Kavallerie um 1786

1 Französischer Ingenieur-Geograph um 1735
Ursprünglich bestand das Geniekorps nur aus einzelnen Offizieren.
Später kamen auch Mannschaften, Sappeur-Mineure, hinzu. 1758
bestand die Uniform der Sappeur-Mineure aus grauer Weste und
Hose, dunkelblauem Rock mit roten Abzeichen und goldenen Knöp-
fen.

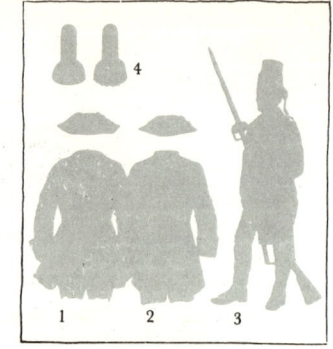

2 Offizier der königlichen französischen Haustruppen um 1780
Die aus Adligen gebildeten Kompanien der Gendarmen zählten
zu den berittenen königlichen Haustruppen. Die Gardegendarmerie
war rot uniformiert, ursprünglich mit schwarzen Samtaufschlägen
und querlaufenden Goldlitzen.

3 Soldat der französischen leichten Infanterie um 1760
In der Uniformierung der leichten Infanterie scheint von vornherein
eine gewisse Freizügigkeit geherrscht zu haben, was sich besonders
in der Kopfbedeckung äußerte. In der Farbgebung dominierten
dunkelblaue und blaugrüne Uniformen. Eine Besonderheit stellt
das auch als Handwaffe verwendbare Bajonett dar.

4 Französische Offiziersepauletten um 1760
1759 wurden in der französischen Armee Epauletten als Offiziersrangabzeichen eingeführt. Generale und höhere Stabsoffiziere trugen
Epauletten mit dicken Kordelfransen, die übrigen Offiziersdienst-
grade mit dünnen Fransen.

1 Französischer Grenadier um 1756
Der Grenadier vom Regiment Royal-Lorraine trägt den Uniformschnitt nach der Festlegung von 1736. Rock und Weste waren weiter
und länger als beispielsweise in Preußen. Die Grenadierregimenter,
die ursprünglich spitze Grenadiermützen trugen, erhielten allmählich Pelzmützen österreichischen Typs. Reglementiert wurde die Bärenfellmütze jedoch erst 1763.

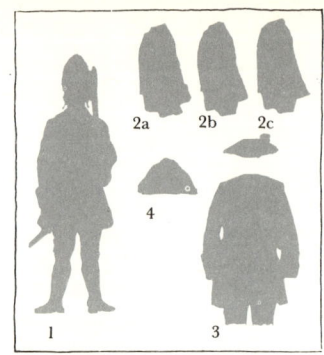

31

2a Uniformrock des Regiments Touraine 1761
2b Uniformrock des Regiments Bergh 1761
2c Uniformrock des Regiments Clare 1761
Seit 1715 erhielt die französische Infanterie allmählich weiße Röcke.
Die Röcke der Gardeinfanterie blieben in der Regel blau-rot.
Andersfarbene Röcke trugen auch die ausländischen Regimenter,
die Schweizer und Irländer rote, die übrigen blaue.

3 Französischer Grenadier um 1774 bis 1786
Die Uniform vom Regiment de la Marine ist im sogenannten preußi-
schen Schnitt gehalten. Diese Uniformen wurden 1763 bei der
Infanterie eingeführt. In einer Reihe Regimenter trugen die Grena-
diere ab 1776 keine Pelzmützen mehr. An ihre Stelle trat der sich
allmählich herausbildende Zweispitz mit einem roten Pompon.
Weitere Kennzeichen der Grenadiere waren rote Epauletten, rote
Granaten auf den Schößen und rote Säbelquasten.

4 Mützenblech einer französischen Offiziers-Grenadiermütze um 1775

1 Britischer Infanterist um 1742
Von 1742 datieren die ersten Vorschriften für die Uniformierung
der britischen Infanterie. Der rote Rock wurde zum Hauptkenn-
zeichen der Infanterieuniform. Typisch für diese war das schwere
Lederzeug. Die büffellederfarbenen Aufschläge (buff) der abgebildeten Uniform standen Pate für den Namen des 3. Regiments zu
Fuß: The Buffs.

2 Schottischer Infanteriekorporal um 1745
Das Regiment wurde 1740 als 42. Regiment zu Fuß oder Hochland-
regiment in das britische Heer eingereiht. Der Kilt in schottischen
Clanfarben wurde zum charakteristischen Kennzeichen der Hoch-
landregimenter. Die Schulterschnur ist das Rangabzeichen des Kor-
porals.

3 Britischer Infanterist um 1780
Die Uniformvorschriften für die britische Infanterie aus dem Jahre
1768 machten den Uniformschnitt «preußischer». Der Tressenbesatz
wurde reduziert. Unterkleider und Rockfutter waren weiß oder
büffellederfarben. Die Musketiere trugen keine Säbel mehr.

4a Grenadiermütze vor 1768
4b Grenadiermütze seit 1768
Ursprünglich trugen auch die britischen Grenadiere die spitze
Grenadiermütze. Sie wurde 1768 durch die Pelzmütze ersetzt.

1 Britischer Kavallerist um 1742
Das Erscheinungsbild dieses Kavalleristen vom 7. Regiment – The Kings Carabiniers – war charakteristisch für die britische schwere Kavallerie dieser Zeit, besonders das Degengehenk am breiten Schulterbandelier. Die Regimenter unterschieden sich in der Farbe und Anordnung der Aufschläge, Unterkleider und Schabracken. Das 7. Reiterregiment hatte ursprünglich auf dem roten Rock meergrüne Abzeichen, die nach und nach heller wurden, erst gelbgrün, dann strohgelb und schließlich 1788 weiß.

33

2 Britischer Dragoner um 1760
In Großbritannien wurden erst während des Siebenjährigen Krieges reguläre leichte Kavallerietruppen aufgestellt. 1759 entstanden fünf leichte Dragonerregimenter. Ihr auffälligstes Unterscheidungsmerkmal zur schweren Kavallerie war das Kaskett, das in verschiedenen Formen variierte.
2a Schabracke der 16. Leichten Dragoner um 1760
2b Schabracke der 15. Leichten Dragoner um 1760

1 Britischer Offiziersrock um 1740

Der reiche Tressenbesatz auf der Offiziersuniform vom Regiment Colonel St. George lag im Unterschied zu den meisten europäischen Heeren dieser Zeit noch weitgehend in der Hand des Trägers. Lediglich die Farbe des Besatzes – Gold oder Silber – mußte sich nach der Knopffarbe des Regiments richten. Erst 1742 wurden strengere Regeln für die Uniformierung der Offiziere erlassen.

2 Britischer Offiziersrock der Artillerie um 1778

Das Royal Regiment of Artillery war das erste ständige Artillerieregiment. Es wurde 1716 aufgestellt. Die Uniform war ähnlich der der Infanterie, doch war der Rock blau, und die Offiziere trugen Reitstiefel.

3 Britischer Generalleutnant um 1785

Der General trägt die sogenannte kleine Uniform, wie sie von 1767 bis zum Ende des 18. Jahrhunderts üblich war. Im Unterschied zum Rock der Infanterieoffiziere waren die Schöße leicht abgeschrägt. Weitere Unterschiede zur Offiziersuniform waren eine besondere Goldtresse mit Kettenmuster und Knöpfe, die mit Schwert und Kommandostab insigniert waren. Der Dienstgrad ging aus der Anordnung der Knöpfe und Knopflitzen hervor. 1791 wurden für Generale und Stabsoffiziere der Infanterie zwei Epauletten eingeführt.

34

1 Dänischer Infanterieoffizier um 1744
Diese Uniform wurde von etwa 1735 bis 1745 getragen. Zu dieser Zeit war die dänische Infanterie durchgängig rot uniformiert mit verschiedenfarbigen Abzeichen und Unterkleidern. Um 1750 erhielten die Röcke Rabatten. Als Besonderheit ist anzumerken, daß der Infanterieoffizier einen Küraß trug.

2 Schwedischer Infanterist um 1740
Ab 1687 wurden dunkelblaue Uniformen mit verschiedenfarbigen, vorwiegend jedoch gelben Abzeichen für die Infanterieregimenter eingeführt. 1756 wurde die Infanterieuniform weiter vereinfacht. Zum dunkelblauen Rock durften nur noch gelbe Abzeichen und Unterkleider getragen werden.

3 Schwedischer Infanterist um 1779
Seit der Uniformreform von 1779 waren für die «schwedische Tracht» der steife Hut mit Federschmuck (die aufrechtstehende Feder immer gelb, die anderen variierten in Regimentsfarben), das mit Borten geschmückte Wams und die scharawadenartigen Beinkleider charakteristisch.

4 Schwedischer Kavalleriepallasch mit Scheide 1773

123

1 Spanischer Infanteriefähnrich um 1740
Die spanische Infanterie trug seit 1710 hellgraue, später dann die für viele katholische Länder charakteristischen weißen Röcke mit regimentsweise verschiedenfarbigen Aufschlägen. Die Hosen waren gleichfalls weiß, die Strümpfe rot. Erst 1767 wurden in Spanien Rabatten an den Röcken eingeführt.

1a Königlich-spanische Leibfahne, Provinz Guadalajara.

36

2 Schwerer Reiter des Königreiches Piemont um 1744
Die schweren Reiterregimenter trugen blaue Uniformröcke. Die schweren Reiter waren nicht mit dem Säbel, sondern mit dem Pallasch ausgerüstet. Der abgebildete Uniformrock ist vom Sardinischen Kavallerieregiment Piemont.

3 Infanterist des Königreiches Piemont um 1744
Außer der Gardeinfanterie, die blau mit rot gekleidet war, trugen die Infanterieregimenter weiße Röcke im französischen Schnitt. Die Bandkokarde am Hut war bei allen Regimentern himmelblau.

1 Portugiesischer Infanterist um 1762
   Die Uniform der portugiesischen Infanterie folgte der allgemeinen
   Uniformmode. Die Infanterie trug zu dunkelblauen Röcken Epauletten. Eine Besonderheit war die senkrechte Anordnung der Litzen
   am oberen Ende der Rabatten.

2 Sardinischer Infanterist (Füsilier) um 1758
   Die sardinische Infanterieuniform behielt bis ins letzte Drittel des
   18. Jahrhunderts den weiten Schnitt bei. Eine Änderung im Erscheinungsbild der Infanterie erfolgte mit der Einführung eines
   dunkelblauen Rockes um 1758.

3 Zimmermann der niederländischen Garde zu Fuß um 1750
   Die Zimmerleute waren mit Axt, Säbel mit Sägerücken, Schoßleder
   und Stulpenhandschuhen ausgestattet. Wie in fast allen europäischen Heeren trugen sie die Grenadiermütze.

4   Kopfbedeckungen des 18. Jahrhunderts
4a Dreispitz für Mannschaften
4b Dreispitz für Offiziere
4c Dreispitz für Generale
4d Grenadiermütze
4e Bombardiermütze
4f Pelzmütze der Husarenstabsoffiziere mit aufgestecktem Adlerflügel
    für die Parade (Ziethenhusaren)
4g Flügelmützen der Husaren

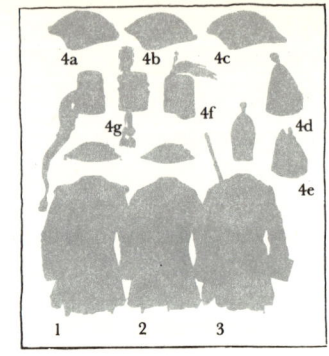

1 Sansculotte mit Pike 1789
Zu einem Symbol der französischen bürgerlichen Revolution wurde die mit der blau-weiß-roten Kokarde geschmückte phrygische Mütze, die vor 1789 die Kopfbedeckung der Galeerensträflinge war. Die langen Hosen, die den Sansculotten den Namen gaben, entwickelten sich rasch zu einem bevorzugten militärischen Bekleidungsstück.

2 Kommissar des französischen Revolutionsheeres 1793/94
Zum Zeitpunkt der höchsten militärischen Bedrohung der französischen Republik 1793/94 ernannte der Wohlfahrtsausschuß der revolutionär-demokratischen Jakobinerdiktatur bevollmächtigte Revolutionskommissare bei den einzelnen Armeen. In der Bekleidung der Kommissare waren zivile und militärische Elemente kombiniert.

3 Französischer Grenadier der Nationalgarde um 1793
Die Nationalgarde wurde 1789 als revolutionäre Bürgerwehr errichtet. Sie erhielt Uniformen in den Farben der Trikolore, allerdings führte der Mangel an vorschriftsmäßigen Bekleidungsstücken zu vielen Variationen des Uniformbildes. Sehr häufig wurden die in den revolutionären Farben gestreiften Hosen getragen. Rote Epauletten und Stutz weisen den Grenadier aus. Der Löffel am Hut wurde zu einem charakteristischen Merkmal französischer Revolutionssoldaten.

1 Französischer Infanterist des Revolutionsheeres 1793
Für die gesamte Infanterie wurde 1793 ein blauer Rock eingeführt,
der bis 1806/07 getragen wurde. Seit 1804 trat an die Stelle des Hutes
der Tschako. Charakteristisch für die Uniform der Revolutionsarmeen war auch ein Roßhaarschweif am Hut.

2 Französischer leichter Infanterist der Nordlegion 1793
Das Kaskett wurde 1791 bei den Jägern eingeführt. Es wurde zum
Teil auch von der leichten Infanterie und der Linieninfanterie ge-
tragen. Das Kaskett stellte in seinen vielen Abarten eine in dieser
Zeit typische Kopfbedeckung dar. Es wurde jedoch bald wieder durch
den Tschako verdrängt.

3 Französischer Offizier der Konventgarde 1793
Die Konventgarde wurde am 14. März 1793 gegründet. Ihre Aufgabe
war der Schutz des Konvents und seiner Mitglieder. Aus der Konventgarde ging über die Consulgarde die Kaisergarde Napoleons I.
hervor.

4 Französische Fahne der 5. Halbbrigade 1796
Diese Fahne mit den Insignien der französischen Republik wurde
bekannt durch die Schlacht bei Arcole im November 1796. Der
Legende nach hat Napoleon Bonaparte diese Fahne beim Sturm auf
die Alponebrücke bei Villanova getragen.

REPUBLIQUE

FRANCAISE

1 Niederländischer Grenadier der Batavischen Republik um 1800
Nach der Gründung der Batavischen Republik im Jahre 1795 wurde das Heer in Gliederung und Uniformierung dem französischen Beispiel angepaßt, die traditionelle blaue Grundfarbe jedoch beibehalten. Die Farbe der Rabatten und Aufschläge diente zur Unterscheidung der Halbbrigaden.

40

2 Französischer Oberst der Jäger zu Pferde um 1799
Die Uniform der reitenden Jäger glich im allgemeinen der Husarenuniform. Die Grundfarbe war grün. Vereinzelt traten bei höheren Offizieren jedoch auch andere Farben auf. Die Kopfbedeckung wechselte in den neunziger Jahren vom Raupenhelm zur Flügelmütze. Die Silbertressen an Ärmel und Hosen gaben den Rang des Trägers an.

3 Schweizer Offizier der leichten Kavallerie um 1800
1798 wurde die Schweiz in die Helvetische Republik umgewandelt. Anstelle der Kantonalmiliz wurde ein Heer nach französischem Muster errichtet. Die leichte Kavallerie erhielt Uniformen nach Art der französischen reitenden Jäger in den neuen Nationalfarben Rot, Gelb und Grün.

133

1 Französischer Adlerträger eines Infanterieregiments um 1804

2 Adler des französischen 57. Infanterieregiments um 1804
Nach der Kaiserkrönung Napoleons 1804 erhielten die französischen Regimenter anstelle der früheren Bataillonsfahnen Kaiseradler. Jedes Regiment erhielt nur einen Adler, der stets beim 1. Bataillon getragen wurde. Die anderen Bataillone besaßen Fanions – kleine, am Gewehr anstelle des Bajonetts zu tragende Fähnchen, die voi allem taktischen Zwecken dienten.

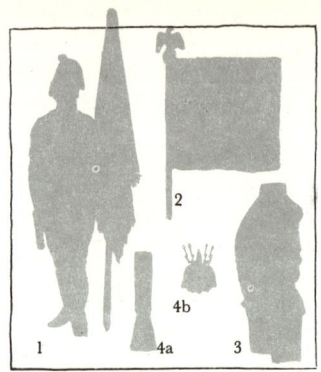

41

3 Marschall von Frankreich um 1810
1804 führte Napoleon I. den 1793 abgeschafften Dienstgrad eines Marschalls von Frankreich als höchsten militärischen Rang wieder ein. Die Uniform der Marschälle unterschied sich von der der Generale vor allem durch eine reichere Eichenlaubstickerei, die gekreuzten Marschallstäbe auf den Epauletten, den Knöpfen und dem Portepee sowie eine weiß-goldene Schärpe.

4a Portepee eines Divisionsgenerals um 1805
4b Schoßstickerei der Generale um 1805
Das Portepee, das in Eichenlaubstickerei nur von Generalen getragen wurde, zeigt die drei Sterne eines Divisionsgenerals. Brigadegenerale hatten zwei Sterne.

L'EMPEREUR
DES FRANCAIS
AU 57ᵐᵉ REGIMENT
D'INFANTERIE
DE LIGNE.

1 Französischer Sergeant der Grenadiere zu Fuß der Kaisergarde
  Napoleons I.
1a Uniformrock eines Tambours der Gardegrenadiere
1b Bärenfellmütze der Gardegrenadiere von hinten
1c Adlerschild der Grenadiermütze
1d Säbel, Bajonett und Patronentasche der Gardegrenadiere

2 Französischer Tornister

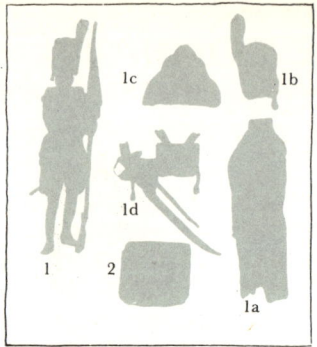

42

Die Gardegrenadiere mit ihren hohen Bärenfellmützen wurden unter
Napoleon I. zu regelrechten Symbolfiguren der französischen Armee.
Sie trugen bis zu ihrer endgültigen Auflösung 1815 eine Uniform
im traditionellen «preußischen Schnitt». 1805 wurden für den Feld-
dienst lange dunkelblaue Hosen eingeführt. Das Gewehr der Garde-
grenadiere war ein extra entwickeltes Modell mit Messingbeschlä-
gen. Unterführer ab Sergeant aufwärts hatten Epauletten, Portepee
und Mützengehänge in rot-goldener Verarbeitung. Der abgebildete
Sergeant trägt ein Fanion. Goldene Ohrringe waren in der alten
Garde so verbreitet, daß sie fast schon zur Uniform gehörten.
Die Armwinkel des Tambours sind Abzeichen für langjährige gute
Führung.
Säbelbandelier und Patronentaschenbandelier wurden am Rücken
miteinander verknüpft. Unter die Patronentasche, die die Insignien
der Gardegrenadiere zeigt, ist die Zipfelmütze geschnallt.

1 Französischer Kürassieroffizier um 1808
Im 18. Jahrhundert gab es im französischen Heer nur ein Kürassierregiment. Von 1802 bis 1809 wurden insgesamt 14 Kürassierregimenter gebildet. Zu ihrer Uniform gehörten stählerne Kürasse und
Helme im Empirestil mit messingenem Kamm, Schuppenkette,
schwarzem Roßhaarschweif und Pelzturban. Die Kürassiere galten
als Eliteeinheiten und trugen daher rote Epauletten, Offiziere jedoch
entsprechend der Knopffarbe silberne Epauletten.

43

2 Offizier der 1. Garde-Chevauleger-Lanciers um 1811
Das Regiment wurde 1807 errichtet und bestand ausschließlich
aus Polen. Der Uniformstil war in jeder Beziehung polnisch. Epauletten, Achselschnur und Tressen waren bei den Mannschaften weiß,
bei den Offizieren silbern. Zur Parade trugen die Offiziere die abgebildete Schärpe, sonst ein silberbetreßtes Koppel.

3 Französischer Jäger zu Pferde der Kaisergarde um 1808
Die Uniform der reitenden Jäger ähnelte derjenigen der Husaren.
Napoleon I. pflegte den Überrock dieses Regiments häufig zu tragen.

4 Helm der Gardedragoner
Der französische Dragonerhelm entwickelte sich zu einem dem
Kürassierhelm ähnlichen Modell.

1 Französischer Korporal der leichten Infanterie um 1808
Der Korporal trägt die 1807 neu eingeführte blaue Infanterieuniform mit den für die Jäger und für die leichte Infanterie charakteristischen spitzen Rabatten und Aufschlägen. Der ursprünglich seitlich getragene Stutz am Tschakomodell von 1801 wurde seit 1806 vorn getragen.

2 Französischer Infanterist (Voltigeur) um 1812
In der französischen Linieninfanterie wurden 1805 Scharfschützenkompanien errichtet. Sie galten ebenso wie die Grenadiere als Elitekompanien. Letztere hatten rote Abzeichen, die der Voltigeure bestanden aus einer Kombination von Gelb und Grün. Der Voltigeur trägt den 1812 eingeführten Spenzer mit geraden, bis unten zugehakten Rabatten und das Tschakomodell von 1808 mit farbigen Seitenstegen.

3 Französischer Infanterist (Füsilier) um 1813/14
Jedes Bataillon der französischen Linieninfanterie bestand aus einer Grenadier- und einer Voltigeurkompanie sowie vier Füsilierkompanien. Füsiliere hatten keine Epauletten, sondern Schulterklappen auf Rock und Mantel. Der abgebildete Füsilier ist typisch für das Erscheinungsbild der französischen Infanterie in den Feldzügen 1813/15. Er trägt die Marschhosen und den Kapotmantel, die in den unterschiedlichsten Farbtönen von Grau bis Blau und Braun vorkamen.

4 Säbeltasche der französischen reitenden Artillerie um 1813
Die reitende Artillerie war husarenartig uniformiert, aber immer in den traditionellen Farben Blau und Rot. Die abgebildete Säbeltasche wurde von den Mannschaften der reitenden Artillerie der Kaisergarde geführt.

1   Polnischer Kanonier um 1793

2   Polnischer Grenadieroffizier um 1793

3   Polnische Bauernmiliz zu Pferde um 1794

Während der polnischen Nationalerhebung 1794 unter Tadeusz
Kościuszko hatten die Uniformen der Freiheitskämpfer, insbesondere
der Bauernmiliz, Nationaltrachten zum Vorbild. Die regulären
Truppen kämpften in ihrer bisherigen Uniform. Diese erinnert bei
der Infanterie und der Kavallerie an die russische Uniform von 1786,
ohne daß der traditionelle polnische Uniformstil aufgegeben worden
wäre.

1 Polnischer Artillerieoffizier um 1808
Nach dem Frieden von Tilsit entstand 1807 das Großherzogtum Warschau als napoleonischer Vasallenstaat. Die Armee wurde zwar nach französischem Vorbild organisiert, doch konnten die nationalen polnischen Traditionen teilweise, und nicht zuletzt in der Uniformierung, bewahrt werden. Die Tschapka und das Kollett mit den runden Rabatten und spitzen Aufschlägen waren typisch polnisch. 1810 wurde die bespannte Artillerie nach dem Vorbild der französischen Jäger zu Pferde neuuniformiert.

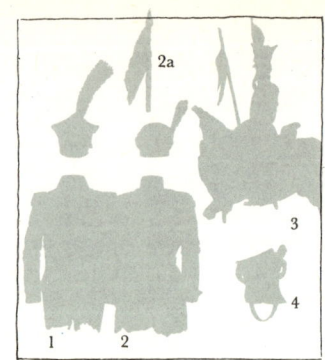

46

2 Krakusenoffizier um 1812
2a Bunzuk
Im Dezember 1812 dekretierte Fürst Poniatowski die Errichtung eines Kavallerieregiments, dessen Rekrutierungsbezirk das Gebiet Kraków war. Die Krakusen waren mit Säbel, Pistole und die Mannschaften zusätzlich mit Lanzen bewaffnet. Der Bunzuk, ein an der Lanze befestigter Roßschweif, diente dazu, Nachrichten und taktische Signale zu übermitteln.

3 Polnischer Ulan um 1810

4 Polnische Offizierstschapka der Jäger zu Pferde
Auch in der Uniformierung der polnischen Ulanen und der Jäger zu Pferde überwogen die traditionellen Elemente.

1　Österreichischer Grenadieroffizier der ungarischen Infanterieregi-
　　menter um 1805
1a　Mütze der österreichischen Grenadiere um 1750
1b　Mütze der österreichischen Grenadiere um 1809
　　Als am Ende des 18. Jahrhunderts im österreichischen Heer ein Helm
　　als Kopfbedeckung eingeführt wurde, behielten die Grenadiere ihre
　　traditionelle Bärenfellmütze, die zu Beginn des 19. Jahrhunderts
　　noch größer und mit einem Mützenschirm versehen wurde.
　　Das auffälligste Kennzeichen der Offiziersuniform war die präch-
　　tige Feldbinde, die aus schwarzer und gelber Seide bestand und in
　　Quasten endete.

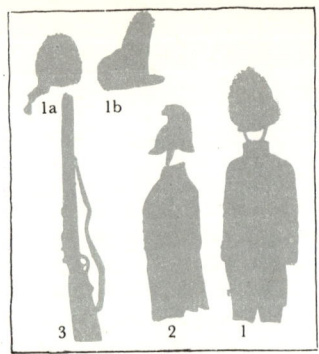

47

2　Österreichischer Jäger um 1805
　　Das österreichische Heer besaß im 18. Jahrhundert Jäger zu Fuß
　　nur in verschiedenen Freikorps, deren Lebensdauer sehr unter-
　　schiedlich war. 1801 wurde das ehemalige Tiroler Land- und Feld-
　　regiment, das wie ein Infanterieregiment bewaffnet und ausge-
　　rüstet war, in ein Jägerregiment umgewandelt. Die hechtgraue
　　Grundfarbe der Uniform und die grünen Kragen, Aufschläge und
　　Vorstöße bestimmten auch weiter das Uniformbild der Jägertruppe,
　　die seit 1808 in die Breite wuchs.

3　Österreichische Jägerbüchse

147

1 Österreichischer Husar um 1798
   Die österreichischen Husaren, deren einheitliche Uniformierung
   erst Mitte des 18. Jahrhunderts abgeschlossen war, vertauschten
   1767 die Pelzmütze mit der Flügelmütze, die 1789 einen Schirm erhielt und dadurch dem Tschako glich.

2 Österreichischer Ulan um 1805
2a Tschapka der österreichischen Ulanen um 1784
2b Tschapka der österreichischen Ulanen um 1848
   Bereits während des Siebenjährigen Krieges gab es galizische Freikorps, die wie Ulanen bewaffnet waren. Die eigentliche Geburt
   der österreichischen Ulanen fiel jedoch erst in das Jahr 1784. Die
   Grundfarbe der Uniform wechselte mehrmals und erhielt 1792 mit
   der Einführung der grünen Kurtka die für diese Truppengattung
   fortan charakteristische Farbe. Außer der Kurtka mit roten Abzeichen und gelben Knöpfen trugen die Ulanen grüne Westen und
   grüne Hosen mit roten Streifen. Zur Bewaffnung gehörten Säbel,
   Pistole, Karabiner und die für die Ulanen charakteristische Lanze.

149

1　Österreichischer Generalmajor um 1809

1a　Offiziersdegen

1b　Feldbinde

Der Generalmajor war im österreichischen Heer die niedrigste Generalscharge. In der Regel kommandierte er eine Brigade oder war Kommandant einer größeren Festung. Die weiteren Generalsränge waren: Feldmarschalleutnant, der als gleichrangig geltende General der Kavallerie und der Feldzeugmeister, der Feldmarschall. Als Rangabzeichen diente die unterschiedliche Breite der mit einem Zackenornament versehenen Goldborte am Ärmelaufschlag und an den Rockkanten. Die Feldbinde war aus Goldfäden gewirkt. Eine Husarenuniform trugen nur die aus dieser Waffe gekommenen Generale.

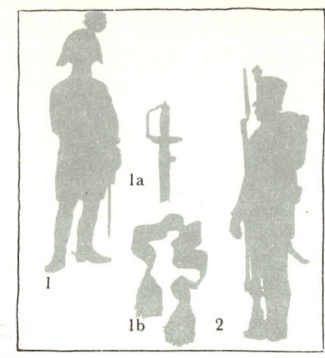

49

2　Österreichischer Infanterist um 1808

Die österreichische Infanterie, die um die Jahrhundertwende mit einem Raupenhelm ausgestattet worden war, erhielt seit 1808 einen Tschako mit Vorder- und Hinterschirm, Pompon und Kokarde. Der Zopf wurde 1804 endgültig abgeschafft. Der abgebildete Infanterist bietet in Uniformierung und Bewaffnung das charakteristische Bild der österreichischen Infanterie im Krieg 1813/15.

1 Wiener Freiwilliger 1797/Korps der Akademie der bildenden Künste

2 Wiener Freiwilliger 1797/Aufgebot der Vorstädte

3 Freiwilliger des niederösterreichischen landständischen Korps 1797

4
5 Landsturm 1797

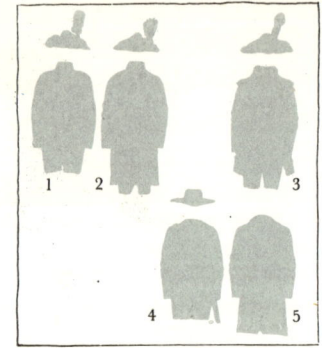

50

Nach mehreren schweren militärischen Niederlagen gegen Frankreich war Anfang 1797 die Kampfkraft des österreichischen Heeres gebrochen. Gegen die drohende französische Besetzung der Stammlande suchte die Wiener Hofburg im Frühjahr 1797 Volksaufgebote zu mobilisieren. Zwar wurden in kurzer Zeit mehr als 37 000 Freiwillige militärisch organisiert, aber infolge des Vorfriedens von Leoben am 18. April 1797 kamen sie nicht mehr zum Einsatz. Während die vornehmlich aus begüterten Schichten stammenden Korps, wie das Korps der Akademie der bildenden Künste und das niederösterreichische landständische Korps, noch relativ einheitlich bekleidet waren, blieb das zahlenmäßig starke Aufgebot der Wiener Vorstädte, das sich vor allem aus ärmeren Schichten rekrutierte, dürftig uniformiert. Ein Hut mit Kokarde und ein langer grauer Rock waren die einzigen Teile der Bekleidung, die als Uniform angesprochen werden konnten. Noch dürftiger waren Bekleidung und Bewaffnung des teilweise aufgebotenen Landsturms. Die Landeskokarde am Hut beziehungsweise eine schwarzgelbe Bandkokarde am Rock waren oft das einzige uniforme Element des Landsturms, der oft nur mit Knüppeln und Sensen bewaffnet war, aber mit patriotischer Begeisterung ausrückte.

1   Steirischer Landwehrsoldat 1809

2   Wiener Freiwilliger 1809

3   Böhmischer Landwehrsoldat 1809

4   Landwehrinfanterist 1813 bis 1815

51

Entsprechend dem Landwehrpatent vom 8. Juni 1808 wurde 1809 die Landwehr im Krieg gegen das napoleonische Frankreich aufgeboten. Sie unterteilte sich in Freiwilligenbataillone, in Bataillone für das stehende Heer und in solche zur unmittelbaren Verteidigung des Landes. Allerdings war die Organisation der Landwehr, deren Aufbau von feudalreaktionären Kräften gehemmt wurde, bei Ausbruch des Krieges im April 1809 noch längst nicht abgeschlossen, so daß die Uniformierung keineswegs so einheitlich war, wie es die hier gezeigten Uniformierungsbeispiele vermuten lassen. Die Uniformen knüpften in der Regel an Landestrachten an. An der Kopfbedeckung wurde in jedem Fall die Landeskokarde getragen. 1813 bis 1815 wurden den Linienregimentern der Infanterie in der Regel zwei Landwehrbataillone zugewiesen, von denen eins auch außerhalb des Landes eingesetzt werden konnte, während das andere zur unmittelbaren Verteidigung des Landes zurückblieb.

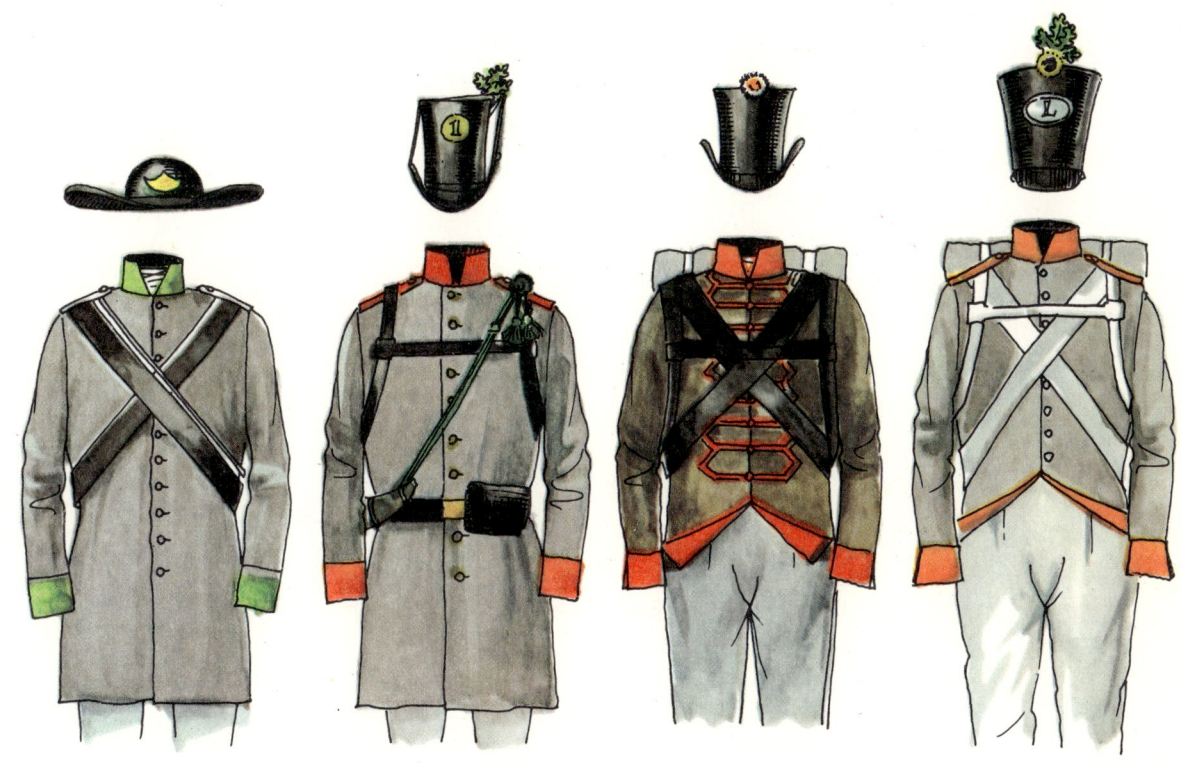

1 Russischer Infanterist (Musketier) um 1790
Die Infanterieuniform, die 1783/86 im Zuge der Neuuniformierung des russischen Heeres eingeführt worden war, erwies sich als sehr praktisch und war der damaligen Uniformmode weit voraus. Sie bestand aus einem kurzen grünen Rock mit kleinem Kragen, aufknöpfbaren Rabatten und roten Aufschlägen. Die nur vorn umgeschlagenen Schöße konnten bei schlechtem Wetter heruntergeschlagen werden. Die langen, unten lederbesetzten Hosen waren weitaus bequemer als die bisherigen Kniehosen und Stiefeletten beziehungsweise Gamaschen. An der neuen Kopfbedeckung sollte die breite Raupe aus gelber Wolle vor Säbelhieben schützen. Zwei hinten herabhängende Tuchstreifen sollten den Nacken gegen Sonne und Regen schützen. Sie konnten aber auch um die Ohren gebunden und am Hals verknotet werden, wodurch sie zugleich als Halstuch und Ohrenschützer dienten. Auf der linken Schulter trugen die Infanteristen eine Epaulette.

52

2 Russischer Jägeroffizier um 1790
Die Uniform der Jäger glich im Schnitt der der Infanterie. Sie war durchweg in Grün gehalten; die Hosen hatten einen schwarzen Besatz. Die Offiziere trugen einen frackartigen Rock.

3 Russischer Füsilier eines Grenadierregiments um 1799
Als 1796 der neue Zar Paul I. den Thron bestieg, machte er den größten Teil der Uniformreform von 1783/86 rückgängig und führte im wesentlichen die vor der Reform getragenen Uniformen wieder ein. Ein charakteristisches Beispiel ist die vorgestellte Uniform.

1 Russischer Infanterist (Musketier) um 1806
Bei der erneuten Neuuniformierung des russischen Heeres, die 1802
unter Zar Alexander I. begann, wurde eine zweireihige kurze Jacke
mit hohem stehendem und vorn abgeschrägtem Kragen verordnet.
In das Jahr 1803 fiel die Einführung des Tschakos, zunächst bei den
Musketieren und Artilleristen, in den folgenden Jahren bei allen
Fußtruppen.

2 Russischer Grenadier um 1808
Die Grenadiere und Füsiliere erhielten den Tschako 1805. Er war
ebenso wie bei der Garde mit einem Stutz verziert. Der abgebildete
Grenadier trägt die Winteruniform.

3 Zweispitz eines russischen Jägeroffiziers um 1809
Für die Jäger wurde der Tschako erst 1807 verordnet, doch behielten die Jägeroffiziere vorerst noch den Zweispitz.

4 Russisches Infanteriegewehr

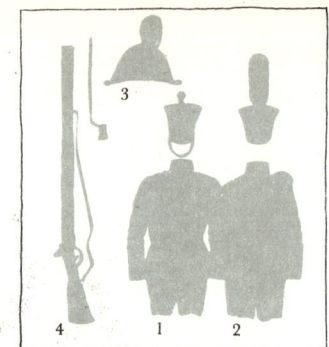

53

1 Russischer Husar um 1801

1a Husarenschabracke

Die Husaren waren von den mehrmaligen Uniformänderungen im russischen Heer relativ unberührt geblieben. Seit 1803 erhielten sie anstelle der Flügelmütze den Tschako.

2 Russischer Dragoner um 1807

Die russischen Dragoner hatten 1775 ihre traditionelle Grundfarbe Blau gegen Grün gewechselt. 1801 erhielten sie hellgrüne Uniformen (1807 wieder dunkelgrüne) und für den Felddienst graue Überhosen. 1803 wurde der Kürassierhelm eingeführt, der 1817 dem Tschako wich.

3a Helm der russischen Kürassiere um 1812

3b Offizierskürass um 1812

Die russischen Kürassiere trugen einen Lederhelm mit wollenem Busch, der 1808 durch einen Roßhaarbusch ersetzt wurde. Seit 1786 wurden wieder Kürasse getragen. Sie waren aus schwarz-emailliertem Eisen, bei zwei Regimentern aus Weißmetall.

54

1 Russischer Infanterist (Musketier) um 1813
Die russische Infanterie erhielt 1812 einen Tschako von spezifischer
Form. Der Kiwer hatte einen größeren Deckel, der nach vorn und
nach hinten in die Höhe gebogen war. Im Sommer wurden eintei-
lige Gamaschenhosen getragen, im Winter Hosen und Gamaschen
beziehungsweise Überhosen, an deren Unterteil schwarzes Schaffell
angenäht war. Der graubraune Mantel wurde im Felde zusammen-
gerollt über der linken Schulter getragen.

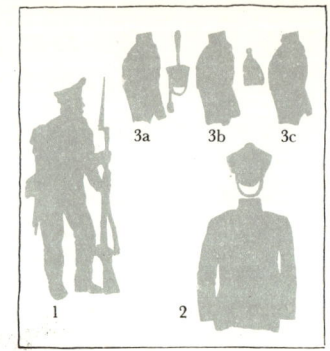

55

2 Infanterist der Russisch-Deutschen Legion 1812 bis 1815
Die Russisch-Deutsche Legion entstand 1812 auf Initiative deutscher
Patrioten, die nach Rußland emigriert waren. Sie sollte den Wider-
stand des russischen Volkes im Vaterländischen Krieg 1812 gegen
Napoleon I. unterstützen und später auf deutschem Boden als nationaler Truppenkörper den Kampf gegen die französische Fremdherrschaft führen. Die Legion, die im Frühjahr 1813 schon mehr als
4000 Mann zählte, wurde 1815 auf Betreiben feudalreaktionärer
Kräfte aufgelöst.

3 Russische Gardeinfanterie um 1813/14
3a Gardesappeure
3b Regiment Preobrashenski
3c Regiment Pawlow

1a
1b Russische Landwehr um 1812/13

Die Landwehr, im Sommer 1812 gegen den Eroberungsfeldzug des französischen Kaiserreiches aufgeboten, erreichte eine Stärke von rund 230 000 Mann. Ihre Uniform war sehr einfach und gebietsweise, oft sogar regimentsweise, unterschiedlich. An der Schirm- oder Pelzmütze wurde das Landwehrkreuz getragen.

2 Uralkosak um 1812
2a Kosakenlanze
2b Kosakenpistole mit spanischem Schnappschloß

Abgesehen von den Leibgardekosaken, bestand in der Uniformierung der Kosakenregimenter nur in den allgemeinen Grundzügen Einheitlichkeit. Hauptsächliche Uniformstücke waren in der Regel: der Kalpak, eine schwarze Lammfellmütze mit farbigem Mützenbeutel, der Halbkaftan, der Kosakenrock, eine Schärpe, weite Hosen mit farbigen Streifen an den Seiten. Die vorherrschende Grundfarbe war Dunkelblau.

56

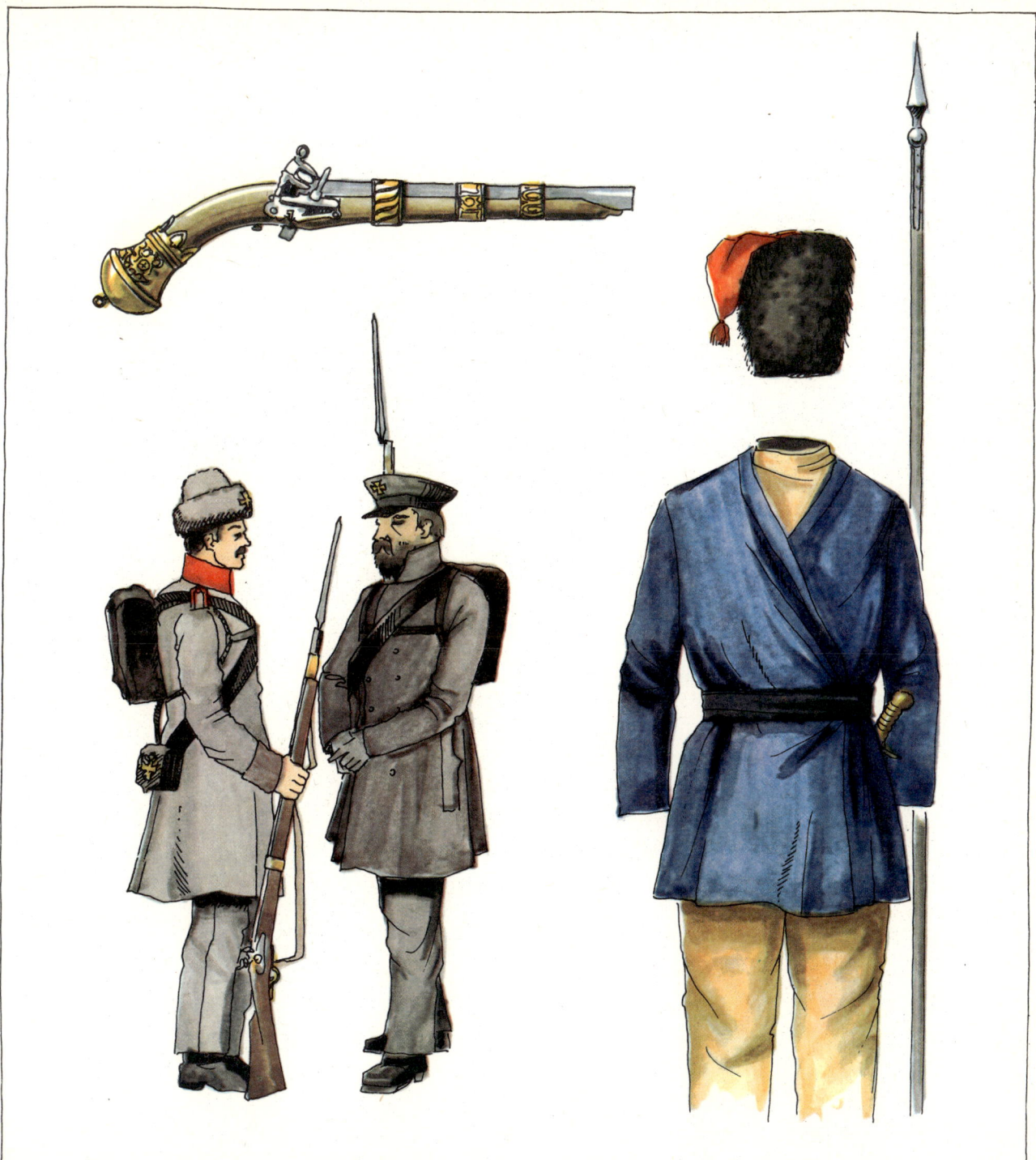

165

1 Preußischer Grenadier um 1806
   Der Grenadier vom Infanterieregiment von Winning Nr. 23 trug
   die 1799 eingeführte eigenartige Grenadiermütze. Charakteristisch
   für die Uniform der preußischen Infanterie am Ende des 18. Jahrhunderts war der infolge weiterer Stoffeinsparung frackartig ge-
   wordene Rock mit festgenähten (seit 1801 zugehakten) Rabatten
   und mit Schoßumschlägen. Der hohe, steife Kragen war vorn weit
   geöffnet. Die Weste wurde teilweise nur noch durch ein am Rock
   festgenähtes Tuchstück vorgetäuscht. Zur Schonung der Hosen trugen die Mannschaften auch Pantalons aus Leinen als Überhosen.

57

2 Preußischer reitender Artillerist um 1805
   Die unter Friedrich II. errichtete reitende Artillerie trug im Unter-
   schied zur Fußartillerie Stiefel. 1802 erhielt die reitende Artillerie
   Kolletts, die im Schnitt denen der Dragoner glichen.

3 Preußischer Dragoner um 1806
   Auch bei den Dragonern wurden 1802 statt der Röcke Kolletts eingeführt. Das Lederzeug wurde seit 1797 getrennt getragen: über die
   linke Schulter das Karabinerbandelier, über die rechte der schmale
   Kartuschriemen.

4 Kurzgewehr der preußischen Grenadierunteroffiziere bis 1806

5 Sponton der preußischen Offiziere bis 1806

6 Kurzgewehr der preußischen Musketierunteroffiziere bis 1806

1 Bayrischer Füsilier um 1790

In Bayern erfolgte 1789 eine erneute Uniformänderung, in deren Gefolge die Armee eine Art Einheitsuniform erhielt, die hauptsächlich nur in der Farbgebung für die Waffen- und Truppengattungen unterschiedlich war.

Der Füsilier vom Infanterieregiment Preysing trägt die 1789 eingeführte Uniform mit dem Rumfordschen Kaskett. An die grauen anliegenden Hosen waren Gamaschen in der Form von ungarischen Stiefeln angenäht. Zur Uniform gehörten schwarzlederne Epauletten mit Messingbeschlag.

1a Bayrisches Helmemblem
1b Bayrische Landeskokarde
1c Bayrischer Kavalleriehelm für Mannschaften um 1798 bis 1815

2 Sächsischer Grenadierkorporal um 1802

In der sächsischen Armee hatten die Grenadiere aller Dienstgrade zwischen 1761 und 1810 Bärenfellmützen, die vielfach aus Pelzimitationen bestanden.

3 Hessen-Darmstädtischer Jäger um 1796

Die Hessen-Darmstädtische Infanterieuniform folgte völlig dem preußischen Vorbild.

Die Bekleidung und Ausrüstung des aus Forstbeamten und Wildhütern zeitweilig errichteten Jägerkorps war charakteristisch für alle derartigen Formationen.

58

1 Sächsischer Artilleriesergeant um 1810

Während die Fußartillerie ähnliche Uniformen wie die Infanterie trug, lehnte sich der Uniformschnitt der reitenden Artillerie an den der Chevaulegers an. Auch die Farben Grün und Rot sowie die gelben Knöpfe waren charakteristisch für die Chevaulegers. Die Offiziere trugen Epauletten nach französischem Vorbild. Der 1810 eingeführte Tschako wurde mit Veränderungen bis 1843 getragen.

59

2 Bayrischer Dragoner um 1807

Die abgebildete Uniform des 2. Dragonerregiments, das 1811 in ein Chevaulegerregiment umgewandelt wurde, entsprach der 1789 eingeführten Einheitsuniform. Der Raupenhelm hielt sich in der vorliegenden Form im bayrischen Heer bis zur Mitte des 19. Jahrhunderts.

2a Bayrischer Dragonersäbel

1   Infanterist vom Korps des Herzogs Friedrich Wilhelm von Braun-
    schweig-Oels 1809
    Das 1809 in Böhmen angeworbene und durch seinen kühnen Zug
    an die Wesermündung legendär gewordene «Schwarze Korps» er-
    hielt diese Bezeichnung nach der schwarzen Uniform der Husaren
    und der Infanterie. Bis in die zweite Hälfte des 19. Jahrhunderts
    dominierte Schwarz als Grundfarbe der braunschweigischen Uni-
    form.

60

2   Ulan vom Korps des Herzogs Friedrich Wilhelm von Braunschweig-
    Oels
    Die Ulanen des «Schwarzen Korps» waren nach dem Muster der
    österreichischen Ulanen uniformiert. Auf der Tschapka war, wie auch
    auf dem Tschako der Infanterie, ein weißmetallner Totenkopf ange-
    bracht.

2a Tschapka der Ulanen

3   Gewehr, neupreußisches Modell 1809

1 Preußischer Kosak der Garde-Kosakeneskadron um 1813

2 Preußischer Dragoner vom litauischen Dragonerregiment um 1813

3 Preußischer Ulan vom brandenburgischen Ulanenregiment um 1813

4 Preußischer Kürassier vom brandenburgischen Kürassierregiment um 1813

5 Preußischer Jäger vom Garde-Jägerbataillon um 1812

6 Preußischer Trainoffizier um 1812

7 Preußischer Infanterist vom Reserveregiment 9 um 1813

8 Preußischer Infanterist vom westpreußischen Infanterieregiment um 1813

9 Preußische Blankwaffen
9a und 9 b Offiziersdegen
9c Unteroffiziersseitengewehr
9d Faschinenmesser
9e Unteroffiziersseitengewehr

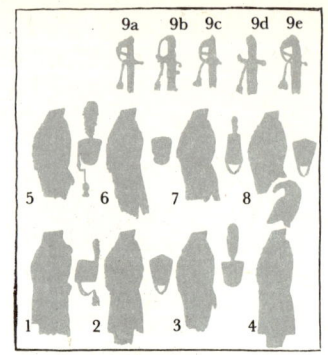

61

Im Gefolge der Reorganisation der preußischen Armee seit 1808 wurde auch eine neue, zweckmäßigere Uniform eingeführt, die sich an der russischen Uniform orientierte. Allerdings blieb während des nationalen Unabhängigkeitskrieges 1813/14 die Uniform bei zahlreichen Neuformationen, insbesondere bei den Reserveregimentern, recht buntscheckig. An die Stelle des Hutes trat der Tschako. Der Infanterierock erhielt eine kollettartige Form. Bei der Kavallerie wurde neben dem Kollett auch die Litewka getragen. Die Kosakenuniform lehnte sich an das russische Vorbild an.

1 Pommerscher Landwehrkavallerist um 1813

2 Offizier der Elb-Landwehrkavallerie um 1813

3 Offizier der kurmärkischen Landwehrinfanterie um 1813

4 Schlesischer Landwehrinfanterist um 1813

62

Die 1813 als Ausdruck der Volksbewaffnung im Kampf für die nationale Unabhängigkeit aufgebotene preußische Landwehr erhielt eine sehr einfache Uniform: eine dunkelblaue Litewka mit zwei Knopfreihen, die Kragen nach den Provinzfarben. Das charakteristische Abzeichen der Landwehr war das weißmetallne Landwehrkreuz an der Schirmmütze beziehungsweise bei der Landwehrkavallerie am Tschako. Allerdings waren die Bekleidung und Ausrüstung der Landwehr lange Zeit uneinheitlich und unvollständig. So wurden bis in den Winter 1813/14 vielfach Leinenhosen getragen. Mäntel, Schuhwerk und Tornister fehlten oft. Etwas günstiger sah es bei der Landwehrkavallerie aus, die vollständiger, wenn auch einfach bekleidet und ausgerüstet war. Die Offiziere trugen die übliche Offiziersbekleidung, jedoch wurde an der Kopfbedeckung das Landwehrkreuz getragen.

1   Infanterist des Lützower Freikorps 1813
1a Infanterietschako

2   Reitender Jäger des Lützower Freikorps 1813
2a Kartuschtasche mit Bandelier
2b Preußischer Kavalleriesäbel

Das im Frühjahr 1813 aus nichtpreußischen Freiwilligen gebildete Lützower Freikorps war nicht auf den preußischen König, sondern «auf das Vaterland» vereidigt. Es verkörperte den Willen der Volksmassen, den Kampf gegen die napoleonische Unterdrückung als eigene Sache zu betrachten. Neben Infanterie besaß das Korps auch Artillerie, Ulanen, Husaren und reitende Jäger. Die Grundfarbe der Uniform war Schwarz. Die Tschakos waren unterschiedlich verziert, doch fiel das kaum ins Gewicht, da sie in der Regel in einem Wachstuchüberzug getragen wurden. Der sogenannte Blüchersäbel gehörte zur Bewaffnung des Freikorps.

179

1   Infanterist der hanseatischen Legion 1813
    Die hanseatische Legion bestand aus Freiwilligen, deren einfache
    Uniform sich an russische Vorbilder anlehnte. Infanterie, Kavallerie
    und Artillerie hatten die gleiche Uniform, jedoch bei der Kavallerie
    ohne die gelben Litzen am Kragen.

2   Husar des Banners der freiwilligen Sachsen um 1814
    Diese patriotische Formation wurde nach der Völkerschlacht bei
    Leipzig auf Veranlassung des russischen Gouvernements aufgestellt.
    Die Uniform war sehr prächtig.

3   Bayrischer Infanterist der Nationalgarde 1814
    Die bayrische Nationalgarde mit ihrem zweiten Aufgebot, den mo-
    bilen Legionen, entstand nach dem Vorbild der preußischen Land-
    wehr. Die sehr einfache Uniform lehnte sich an die Zivilkleidung
    an oder war sogar identisch mit ihr. Am linken Arm wurde eine weiß-
    blaue Schleife getragen.
3a Patronentasche für Schützen der bayrischen Nationalgarde.

64

1 Infanterist der Englisch-Deutschen Legion um 1813
Die Deutsche Legion des Königs wurde 1803 vor allem aus hannoverschen Bürgern, aber auch aus Angehörigen der verschiedensten
europäischen Nationalitäten gebildet. Für die Uniformierung war
das englische Vorbild von 1797 maßgebend. Der charakteristische
Tschako (Waterloo-Tschako) wurde 1812 eingeführt. Von 1806 bis
1815 kämpfte die Legion auf vielen Kriegsschauplätzen Europas.

65

2 Britischer Sergeant der Coldstream-Garde um 1814
2a Grenadierpelzmütze der Fußgarde
Die Offiziere trugen eine Seidenschärpe, die Sergeanten eine Woll-
schärpe. Ein weiteres Dienstgradabzeichen der Unterführer waren
seit 1802 Winkel am Oberarm. Seit der Einführung des Tschakos
wurde die Bärenfellmütze der Grenadiere im Felde nicht mehr getragen.

3 Britischer Schütze um 1815
Die Erfahrungen des nordamerikanischen Unabhängigkeitskrieges
führten 1800 zur Errichtung eines Schützenkorps, das als 95. Linien-
regiment geführt wurde. Seine dunkelgrüne Uniform und das
schwarze Lederzeug wurden charakteristisch für die britische leichte
Infanterie. Der 1800 eingeführte Tschako behielt bei der leichten
Infanterie auch nach 1812 die ursprüngliche, sich nach oben ver-
jüngende Form.

1   Britischer Infanterieoffizier um 1815

2   Britischer Infanterieoffizier im Feldmantel um 1815
     Die britischen Infanterieoffiziere erhielten 1797 einen kurzschößigen
     Rock mit zugeknöpften Rabatten, die oben zum Revers zurückge-
     schlagen waren.
     Auf dem Bandelier wurde das Abzeichen (Badge) des Regiments
     getragen. In leicht veränderter Form findet man es auf dem Tschako
     wieder, der bei den Offizieren 1812 endgültig den Hut verdrängte.
     Der graue Mantel gehörte zur vorschriftsmäßigen Feldausrüstung der
     Infanterie. Das Bandelier mit dem Badge, die Offiziersschärpe und
     der Ringkragen wurden über den Mantel getragen.

66

3   Britischer Artillerist vom Raketenkorps 1813
     Das Raketenkorps, das an der Völkerschlacht bei Leipzig teilnahm,
     war nach dem Vorbild der leichten Dragoner uniformiert.

4   Mütze eines schottischen Hochlandregiments um 1815

5   Wing eines Grenadierleutnants

6   Epaulette und Wing eines Oberstleutnants der leichten Infanterie

7   Epaulette eines Obersten
     Eine britische Besonderheit waren die Wings (Schulterwülste). Die
     halbmondförmigen Tuchwülste wurden von den Elitekompanien ge-
     tragen. Bei Stabsoffizieren waren über den Wings zusätzlich Epau-
     letten angebracht. Die übrige Infanterie hatte Achselklappen mit
     weißen Wollfransen; die Offiziere trugen die üblichen Epauletten
     mit Rangabzeichen.

1 Britischer Gardedragoner um 1815

Die Gardedragoner erhielten 1812 rote, bis unten zugehakte Kolletts, die mit gelben Tressen besetzt waren. Zugleich wurde nach österreichischem Vorbild ein Raupenhelm eingeführt, der jedoch bis 1813 durch einen Helm mit Roßschweif ersetzt wurde. Das Regiment Leibgarde behielt den Raupenhelm. Das schottische 2. Regiment trug Pelzmützen.

2 Britischer Husar um 1812

Erst 1805 wurden vier britische leichte Dragoner- in Husarenregimenter umgewandelt und entsprechend uniformiert. Im Felde trugen sie aus praktischen Erwägungen Tschakos.

3 Britischer Offizier der leichten Dragoner um 1812

1812 erhielten die leichten Dragonerregimenter anstelle der Dolmane und Raupenhelme blaue Kolletts mit Rabatten, spitzen Aufschlägen und Schoßumschlägen in verschiedenen Abzeichenfarben. Als Kopfbedeckung wurde ein glockenförmiger Tschako eingeführt. Alle Kavallerieregimenter trugen im Feld graue Überhosen mit farbigen Streifen.

67

1 Schwedischer Offizier der Leibgrenadiere um 1808

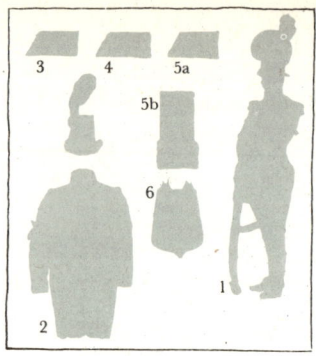

68

2 Schwedischer Artillerieoffizier um 1807
Die schwedische Armee erfuhr zu Beginn des 19. Jahrhunderts viele
Uniformänderungen, deren Haupttendenzen folgende waren: die
Ablösung der strumpfartigen Beinkleider durch lange Hosen, die
Einführung des kurzschößigen zugeknöpften Rockes ohne Rabatten,
die Entwicklung des schwedischen Hutes zu einer Abart des Tschakos
beziehungsweise des Kasketts.
Artillerie und Infanterie behielten das traditionelle Blau und Gelb
als Grundfarbe. Der Leibgrenadieroffizier trägt das schwedische
Kaskett, das eine Raupe aus Bärenfell hatte. Um das Kaskett lief
ein Messingband, über dem sich bei den Grenadieren eine messingne
Granate befand. Die weiße Armbinde wurde von allen schwedischen
Offizieren zur Erinnerung an die Palastrevolution von 1772 getragen.

3 Kragen eines Hauptmanns um 1813

4 Kragen eines Oberstleutnants um 1813

5a Kragen eines Generalmajors um 1813
5b Ärmel eines Generalmajors um 1813

6 Schwedische Offizierssäbeltasche der Leibgarde zu Pferde

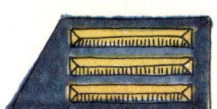

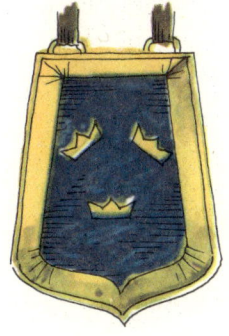

1 Dänischer leichter Dragoner um 1810
   Die Bekleidung der dänischen leichten Dragoner wie der schweren
   Kavallerie läßt den Einfluß der russischen Uniform von 1786 er-
   kennen. Die schwere Kavallerie trug einen Hut, die leichten Dragoner einen Raupenhelm.

2 Grenadierleutnant des norwegischen Leibregiments um 1807
   Norwegen gehörte bis 1814 zum Königreich Dänemark. In der Armee
   gab es ein norwegisches und ein dänisches Leibregiment, die die
   gleiche Uniform trugen, allerdings mit unterschiedlicher Paspelierung.

3 Dänischer Offizier vom Leibschützenkorps des Königs um 1807
   Das Leibschützenkorps war eine Freiwilligeneinheit, die 1801 gebildet wurde. Die Offiziere wurden von den Soldaten gewählt. Jeder
   Freiwillige mußte für Bekleidung und Ausrüstung selbst aufkommen.
   Die grün-schwarze Farbkombination war charakteristisch für Jäger
   und leichte Infanterie. Der Deckel der schwarzen Tschapka war
   fünfeckig.

69

1 Spanischer Dragoner um 1806
Die Grundfarbe der Dragoneruniform blieb bis auf die Zeit von 1700 bis 1714, in der grüne Röcke getragen wurden, stets gelb. Eine Besonderheit waren die auf den Kragen angebrachten Waffenabzeichen. Sie wurden im 19. Jahrhundert in verschiedener Form von allen Armeen übernommen.

2 Neapolitanischer Tambourmajor der Linieninfanterie um 1812
Die Armee des Königreiches Neapel war von 1805 bis 1815 unter französischer Herrschaft nach französischem Vorbild uniformiert. Jedoch war die Grundfarbe der reich und farbenprächtig verzierten Uniform Weiß. Nach 1815 wurde das englische Vorbild maßgebend für die Uniformierung.

3 Portugiesischer Ordonnanzoffizier der Linieninfanterie um 1806
Die Uniform der portugiesischen Armee entsprach bis 1806 in wesentlichen Elementen dem französischem Vorbild. Die Offiziere trugen als Rangabzeichen bereits Epauletten. 1809 erhielt die Infanterie kurze blaue einreihige Kolletts, dazu einen Tschako in englischer Form.

70

1 Bayrischer Ulanenoffizier um 1813
Das 1813 errichtete Ulanenregiment wurde 1822 wieder aufgelöst.
Im Unterschied zum Stutz der Mannschaftstschapka trugen die
Offiziere einen Federbusch.

2 Sächsischer Infanterist um 1815
Die sächsische Infanterie, die 1810 den Spenzer mit geraden Rabatten erhalten hatte, bekam bei ihrer Neuuniformierung 1815
weiße Kolletts mit zwei Knopfreihen. Die Rabatten entfielen.
Gleichfalls 1815 wurde die weiße Kokarde mit grünem Ring eingeführt.

3 Württembergischer Feldjäger um 1830
Nur die Uniform des Feldjägerkorps war dunkelblau. Alle anderen
württembergischen Regimenter trugen königsblaue Uniformen.

4 Tschakodekorationen
4a Preußische Artillerie
4b Preußische Grenadiere
4c Preußische Musketiere
4d Preußische Garde
4e Preußische Gardelandwehr
4f Preußische Gardeoffiziere

71

1 Kollett vom russischen Leibgarderegiment Preobrashenski
   um 1840
   Das Kollett verdeutlicht, daß sich die Uniform seit dem ersten Jahrzehnt des 19. Jahrhunderts wenig verändert hatte. 1812 wurde der
   geschlossene Kragen verordnet. Nach 1825 wurden für den Sommer
   weiße, für den Winter grüne Hosen eingeführt.

2 Russische Ulanenkurtka um 1840
   Das erste russische Ulanenregiment entstand 1803. 1840 gab es bereits 22 Ulanenregimenter. Hauptsächliche Uniformstücke waren:
   die Tschapka mit verschiedenfarbigem Oberteil, die dunkelblaue
   Kurtka und lange blaue Beinkleider beziehungsweise graue Überhosen.

3 Russische Offizierstschakos um 1840
3a Husaren
3b Infanterie
3c Ulanen
   Diese Tschakos waren charakteristisch für die Zeit von 1816 bis zur
   Einführung der russischen Version der Pickelhaube 1844.

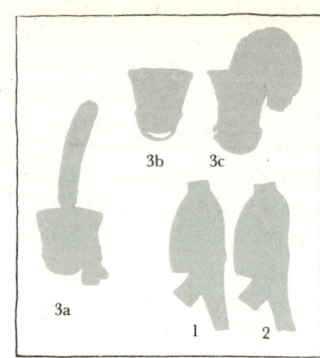

72

1 Tschakos der österreichischen Infanterie

1a 1811

1b 1818

1c 1827

1d 1840

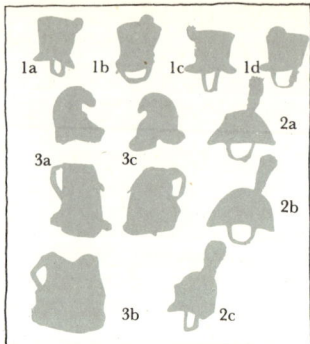

Obwohl der Infanterietschako 1806 eingeführt worden war, trugen viele Regimenter noch 1809 den Helm. Das aus Tuch gefertigte Tschakomodell von 1806 erwies sich jedoch fast ebenso unpraktisch wie der Helm. Das Modell von 1811 bestand aus Filz. Die beiden folgenden Modelle wiesen nur geringfügige Veränderungen auf, doch zeichnete sich der Trend ab, den Tschako niedriger zu gestalten. Beim Modell von 1840 sind Deckel und Schirm aus lackiertem Leder.

2 Hüte der österreichischen Artillerie

2a 1803

2b 1806

2c 1821

In der ersten Hälfte des 19. Jahrhunderts änderte sich bei der Artillerieuniform die Kopfbedeckung am stärksten. Dem 1798 eingeführten Dreispitz folgte schon 1821 der Corsehut.

3 Helm und Küraß der österreichischen Kürassiere

3a 1805

3b Offiziersküraß 1805

3c 1827

Charakteristisch für die österreichischen Kürassiere blieben der hohe Raupenhelm und die schwarze Färbung von Helm und Küraß.

1 Preußischer Dragoner um 1820
Nachdem 1819 mehrere Dragonerregimenter in Kürassierregimenter umgewandelt worden waren, besaß das preußische Heer außer den Gardedragonern noch vier Dragonerregimenter. 1826 fiel der Tschakostutz für diese Regimenter weg. Die Farbe des Kolletts blieb traditionell hellblau mit regimentsfarbenen Abzeichen.

74

2 Preußischer Infanterieunteroffizier um 1820
Der Füsilierunteroffizier trägt die Paradeuniform, zu der in der Regel jedoch noch ein am Tschako angebrachter hoher Stutz gehörte. Ebenso wie bei den Jägern und Pionieren war das Lederzeug bei den Füsilieren schwarz. In den dreißiger Jahren wurden rote Ärmelpatten und Schulterklappen mit Regimentsnummern eingeführt.

3 Preußischer Pionier um 1830
Zur feldmäßigen Uniform der Pioniere gehörten dunkelgraue Hosen und Gamaschen. Weiße Hosen wurden nur für Paradezwecke getragen. In der Folgezeit entwickelte sich die Pionieruniform ähnlich wie die Infanterieuniform.

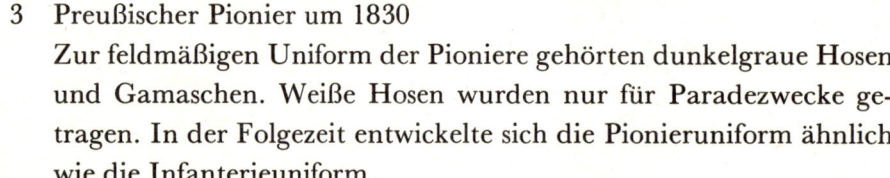

1 Französischer Grenadier um 1837
   Die französische Infanterie hatte 1815, zu Beginn der Restaurationsperiode, wieder weiße Uniformen erhalten. 1820 wurde ein blauer Spenzer mit einer Knopfreihe eingeführt. Das äußere Erscheinungsbild der Uniform wandelte sich wesentlich mit den 1829 verordneten roten Hosen, die fortan charakteristisch für die französische Armee wurden. Der Tschako durchlief in der 1. Hälfte des 19. Jahrhunderts verschiedene Veränderungen, in deren Gefolge er vor allem schmaler und zylindrischer wurde.

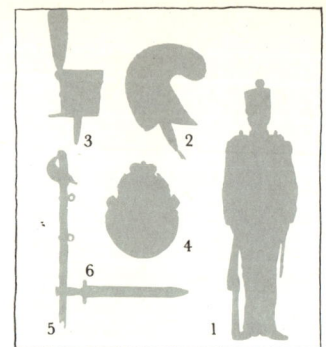

2 Französischer Kürassierhelm um 1820
   Die französischen Kürassiere und Dragoner erhielten seit 1815 Raupenhelme, die jedoch 1825 Helmen wichen, bei denen der traditionelle Roßschweif mit einem schwarzen, bürstenartigen Kamm kombiniert war.

3 Französischer Husarentschako um 1825

4 Französischer Tschakobeschlag der Restaurationszeit
   Nach dem Sturz Napoleons wurden die Kaiseradler wieder durch die bourbonischen Lilien ersetzt. Das Lilienwappen wurde als Tschakobeschlag bis zur Julirevolution von 1830 getragen; dann wurde es durch einen gallischen Hahn auf Lorbeer- und Eichenzweigen ersetzt.

5 Kürassierpallasch 1816

6 Infanterieseitengewehr 1831

203

1 Britischer Infanterieoffizier um 1826

2 Britischer Infanterieoffizier um 1845
In der britischen Armee wurde 1826 ein neuer Rock mit etwas längeren Schößen eingeführt. Die Offiziere trugen ab 1829 generell nur noch einen zweireihigen Frack mit Pattenlitzen. Die Hosen, deren Grau immer dunkler geworden war, wurden bis 1844 durch dunkelblaue mit roten Biesen ersetzt. Von 1830 an fielen die verschiedenfarbigen Knöpfe und Metalltressen weg. Sie wurden goldfarben, bei den Miliztruppen silberfarben. Auch die Knopflitzen der Mannschaften wurden bis 1836 vereinheitlicht. Von 1829 bis 1844 trug die britische Infanterie einen glockenförmigen Tschako, der 1844 vom sogenannten Alberttschako mit Augen- und Nackenschirm abgelöst wurde.

76

3 Britischer Ulan um 1854
In der britischen Kavallerie wurden 1816 aus leichten Dragonerregimentern die ersten Ulanenregimenter formiert. Ihre Uniformierung richtete sich nach dem polnischen Vorbild, jedoch behielten sie die Farben bei, die sie als Dragonerregimenter geführt hatten.

1 Polnischer Artilleriesergeant um 1830

2 Offizier der polnischen Aufständischenformationen 1831

3 Polnischer Lancieroffizier um 1830

Die Uniformen im polnischen Unabhängigkeitskampf 1830/31 entsprachen bei den auf die Seite der Freiheitskämpfer übergegangenen regulären Truppenteilen der üblichen Uniformierung. Diese war im Königreich Polen unter zaristischer Herrschaft seit 1815 nach russischem Vorbild erfolgt. Jedoch trug die Infanterie dunkelblaue Röcke mit Rabatten. Den Tschako zierte der polnische Adler. Die während des Aufstands aufgestellten Formationen folgten in ihren Uniformen dem traditionellen polnischen Stil.

1 Jäger des Lübecker Bürger-Militärs um 1831

2 Sergeant der Hamburger Bürgerwehr um 1816

3 Schütze der Colditzer Bürgerwehr um 1848

4 Preußische Corpsbüchse, Modell 1810

In den Freien Hansestädten gab es neben militärischen Formationen bis 1868 noch Bürgerwehren. Die grüne Infanterieuniform der Hamburger, Bremer und Lübecker Bürgerwehr unterschied sich lediglich durch abweichende Formen und Farben der Pompons, Tschakobeschläge und anderer Abzeichen. Diese Abzeichen blieben bis zur Auflösung der Bürgerwehren 1868 im wesentlichen gleich, während das Aussehen der Uniform mehrmals wechselte.
Die Uniformen der Bürgerwehren ähnelten häufig denen der Jäger.

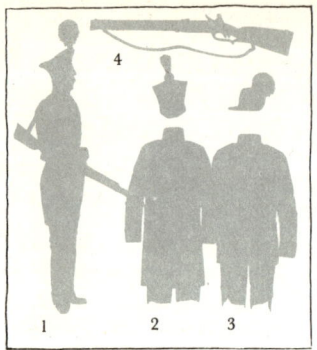

78

1 Wachtmeister der niederländischen reitenden Artillerie um 1830
Die nach 1815 erfolgte neue Uniformierung folgte im wesentlichen
englischen Vorbildern, jedoch wurde die traditionelle dunkelblaue
Grundfarbe wieder eingeführt. Die Pantalons haben auf den Innen-
seiten der Beinteile Ledereinsätze.

2 Portugiesischer Jägeroffizier um 1835
Als 1808 mit britischer militärischer Hilfe der nationale Befreiungskrieg gegen die französischen Interventen ausbrach, begann auch die
Wiedererrichtung der portugiesischen Armee. Ihre Uniformierung
erfolgte nach britischem Vorbild. Nationale Besonderheiten besaßen
die Uniformen hauptsächlich in der Farbgebung.

3 Sardinischer Kavallerieoffizier um 1848
Der Offizier der sardinischen schweren Kavallerie trägt den bereits
1843 eingeführten Waffenrock. Während der Revolution von 1848/49
wurde an der Kopfbedeckung eine grün-weiß-rote Kokarde befestigt.

79

1 Preußischer Grenadier des 2. Garderegiments zu Fuß um 1843
Die 1843 eingeführte neue Uniform mit einem längeren Rock, dem
sogenannten Waffenrock, und einer neuen Kopfbedeckung, der
Pickelhaube, wurde mit spezifischen Abwandlungen von fast allen
Waffengattungen, Spezialtruppen und Diensten der preußischen
Armee getragen. Auch andere Staaten des Deutschen Bundes über-
nahmen bis 1850 die neue Uniform.

2 Preußischer Kürassier um 1845
Auch bei den Kürassieren änderte sich 1843 die Uniform: Den Helm
mit Roßhaarkamm ersetzte ein Helm aus Stahl, ähnlich der Pickelhaube; an die Stelle des Kolletts trat ein weißer Koller in der Form
des Waffenrocks, besetzt mit regimentsfarbenen Borten. Der Küraß
blieb weißmetallfarben, bei den Garderegimentern war er gelb. Die
Gardekavallerieregimenter konnten anstelle der üblichen Helm-
spitze weißmetallne Adler aufschrauben.

3 Kopfbedeckungen um die Mitte des 19. Jahrhunderts
3a Schleswig-Holsteinische Artillerie um 1849
3b Oldenburgische Infanterie um 1849
3c Preußische Dragoner um 1845
3d Preußische Husaren um 1843
3e Preußische Husaren um 1846

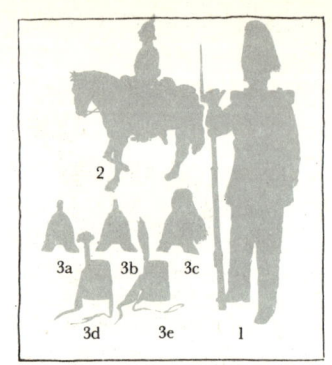

80

1 Französischer Jäger um 1845

2 Tragegerüst für Seitenwaffe, Bajonett und Patronentasche um 1845
Auch in der französischen Armee hielt der Waffenrock in den vierziger
Jahren des 19. Jahrhunderts seinen Einzug. Die spitzen Aufschläge,
die Farbe der Paspelierung und das Jagdhorn am Kragen weisen den
abgebildeten Waffenrock als Bekleidungsstück für Jäger aus. Die
Seitenklappen in der Taille dienten als Halterung für das Koppel.
Bajonett, Seitenwaffe und Patronentasche wurden nun einheitlich
am Koppel getragen, das durch Trageriemen über der Schulter ent-
lastet wurde.

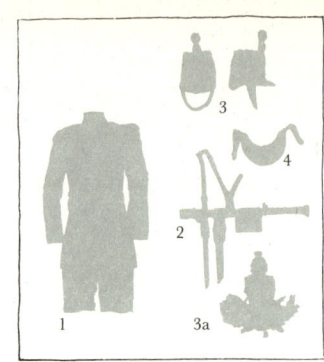

81

3 Französischer Tschako der Genietruppen
3a Tschakobeschlag der Genietruppen
Das 1843 eingeführte neue Tschakomodell verjüngte sich nach oben.
Die Genietruppen wie auch die Artilleristen trugen den Tschako mit
roten Seitenstegen, die Infanteristen ohne Stege. 1845 wurde der
Tschako geringfügig verändert. Der Tschakobeschlag zeigt den vorschriftsmäßigen Sappenpanzer und Helm der französischen Genietruppen, wie sie beim Schanzen in gegnerischem Feuer getragen
wurden.

4 Französischer Offiziersringkragen
Der Ringkragen der Offiziere verschwand in der französischen Armee
erst 1885. Er trug seit den dreißiger Jahren des 19. Jahrhunderts
als Emblem den gallischen Hahn.

1 Offizier der Freischar Garibaldi 1848/49
Charakteristisch für die revolutionäre Freischar unter Giuseppe Garibaldi waren der rote Rock beziehungsweise die rote Bluse. Die Offiziere trugen einen Hut mit Hahnenfedern oder das französische Käppi. Eine strenge Uniformierung der Freischar war allein schon wegen fehlender materieller Mittel nicht möglich.

2 Belgischer Freikorpssoldat um 1830/31
Als Ende August 1830 unter dem Einfluß der französischen Julirevolution in Brüssel ein Aufstand gegen die niederländische Herrschaft ausbrach, bildeten sich in der Folgezeit auch zahlreiche Freikorps und Bürgergarden. Ihre annähernd uniforme Bekleidung lehnte sich weitgehend an die Zivilkleidung an. Die Uniformierung der neugeschaffenen belgischen Armee folgte nach 1831 dem französischem Vorbild. Charakteristisch waren dafür die Kopfbedeckungen, die Epauletten und der Uniformschnitt.

3 Kugelzange

4 Preußische Perkussionspistole, Modell 1850

82

1   Dänischer Ingenieuroffizier um 1848

2   Dänischer Artillerist um 1848
Die dänische Armee erhielt bei ihrer organisatorischen Moderni-
sierung 1842 auch neue und vereinheitlichte Uniformen. Die Infanterie und die Artillerie behielten vorerst ihre roten Röcke bei,
doch wurden sie seit 1848/49 von dunkelblauen Waffenröcken abgelöst. Dagegen bekamen die Ingenieur- und die Jägertruppen bereits
1842 doppelreihige Waffenröcke mit polnischen Aufschlägen, die
Ingenieurtruppen in dunkelblauer, die Jäger in grüner Grundfarbe.
Das Lederzeug war nunmehr schwarz und wurde nicht mehr ge-
kreuzt getragen.

3   Schwedischer Infanterist um 1848
Die schwedische Infanterie wurde 1845 mit Waffenröcken und Pickel-
hauben ausgerüstet. Von der traditionellen blau-gelben Farbgebung
und verschiedenen Abzeichen abgesehen, glich die Uniform weitgehend dem preußischen Vorbild.

4   Schwedische Feldmütze um 1848
Sowohl in der dänischen als auch in der schwedischen Armee wurden
Feldmützen nach französischem Vorbild getragen.

1 Sächsischer Freiwilliger für das Aufgebot nach Schleswig-Holstein 1848

2 Offizier der Hanauer Turnerwehr um 1849

3 Dresdener Kommunalgardist um 1849

84

Die während der Revolution von 1848/49 entstandenen Volkswehren und revolutionären Formationen waren nur in den seltensten Fällen einheitlich bekleidet. Die allgemein übliche Bekleidung der revolutionären Kämpfer war die einfache Tracht der Arbeiter und Handwerker. Sie trugen dunkle Bekleidungsstücke, in den Farbtönen Schwarz, Dunkelblau und Dunkelbraun, den weichen Filzhut (Heckerhut) und hohe Stiefel. Eine größere Rolle spielte das Prinzip der Einheitlichkeit der Kleidung bei den demokratischen Turnerwehren. In den meisten bewaffneten Formationen wurden schwarz-rot-goldene Kokarden oder Schärpen, teilweise auch Kokarden in den Landesfarben, als gemeinsames Abzeichen getragen.

1 Soldat der badischen Volkswehr 1849
Die badisch-pfälzischen Volkswehren wie auch die Freischaren anderer deutscher Staaten waren uneinheitlich und unzureichend ausgestattet. Eine charakteristische Kopfbedeckung der revolutionären Volkswehren und Freischaren war der sogenannte Heckerhut, ein breitkrempiger, auf einer Seite aufgeschlagener Hut mit Feder und schwarz-rot-goldener Kokarde. Häufig wurde dazu eine blaue oder graue Kittelbluse getragen.

2 Badischer Fußartillerist 1849
2a Helm der badischen Fußartillerie

3 Badischer Infanterist 1849
3a Helm der badischen Infanterie

4 Badischer Dragoner 1849
4a Helm der badischen Dragoner
Während des revolutionären Maiaufstands 1849 gingen große Teile des badischen Heeres auf die Seite des Volkes über. Zwar waren bei der Infanterie und Artillerie noch Tschako und Kollett im Gebrauch, aber die revolutionären Truppenteile, die sich der Depots mit neuen, noch nicht eingeführten Uniformen bemächtigten, kleideten sich neu ein: blauer Waffenrock, dazu bei der Infanterie die Pickelhaube mit Kugelspitze und bei der Artillerie der Raupenhelm.

223

1 Honvéd-Grenadier der ungarischen Revolutionsarmee 1848/49
Nach dem Ausbruch der bürgerlichen Revolution in Ungarn bildete sich die erste selbständige ungarische Regierung unter aristokratisch-liberaler Führung. Sie konnte sich zwar auf die in Ungarn stationierten Truppenteile ungarischer Nationalität stützen, lehnte aber die Schaffung einer neuen Armee im Interesse ihrer Klassenherrschaft ab. Im Mai 1848 wurde lediglich die Aufstellung einer Landwehr (Honvéd) in Stärke von 10 000 Mann angeordnet. Die Honvédbataillone erhielten traditionelle ungarische Attilas. Die lichtblauen engen Hosen der ungarischen Linieninfanterie bekamen eine rote Verschnürung.

86

2 Schütze eines Grenz-Infanterieregiments der ungarischen Revolutionsarmee 1848/49
Neben 11 Linienregimentern der Infanterie kämpften noch zwei Grenz-Infanterieregimenter auf der Seite der revolutionären Kräfte. Diese Truppen trugen ihre bisherige Uniform weiter, jedoch wurde statt des schwarz-gelben Feldzeichens das rot-weiß-grüne aufgesteckt.

3 Honvéd-General der ungarischen Revolutionsarmee 1848/49
Die Honvéd-Generale übernahmen den Attila, wie ihn die aus der Husarenwaffe kommenden Generale der österreichischen Armee trugen.

4 Honvéd-Infanteriefahne der ungarischen Revolutionsarmee 1848/49

1 Infanterist der Polnischen Legion in der ungarischen Revolutionsarmee 1848/49

2 Infanterist der Deutschen Legion in der ungarischen Revolutionsarmee 1848/49

3 Trommler der Italienischen Legion in der ungarischen Revolutionsarmee 1848/49

87

Dem revolutionären Freiheitskampf des ungarischen Volkes eilten
auch fortschrittliche Kräfte anderer Länder zu Hilfe. Sie schlossen
sich in Freikorps beziehungsweise Legionen zusammen, die in der
ungarischen Revolutionsarmee gegen die Konterrevolution kämpften. Die Polnische Legion erreichte bis zum Sommer 1849 eine Stärke
von drei Bataillonen und vier Eskadronen. In ihrer Uniform herrsch-
ten die polnischen Landesfarben Weiß und Rot vor. Die Deutsche
Legion, die teilweise schon in der Wiener Revolution mitgekämpft
hatte, bestand in Ungarn schließlich aus drei Bataillonen. Sie trug
auf dem runden Kossuth-Hut einen weißmetallnen Totenkopf. Die
Italienische Legion wurde im Sommer 1848 vornehmlich aus über-
gelaufenen italienischen Soldaten österreichischer Regimenter errichtet. Sie erreichte eine Stärke von über 950 Mann.

1 Husar der ungarischen Revolutionsarmee 1848/49
Die 12 ungarischen Husarenregimenter des österreichischen Heeres kämpften bis auf zwei in Italien eingesetzte auf der Seite der ungarischen Revolutionsarmee. Sie behielten ihre alte Uniform. Aus dem schwarz-gelben Federbusch wurden die gelben Federn entfernt beziehungsweise durch schwarze ersetzt.

2 Soldat der Wiener Akademischen Legion 1848

3 Infanterist der Wiener Nationalgarde 1848
Die Akademische Legion als bewaffnete Organisation der Wiener revolutionären Studenten wurde im März 1848 als Teil der Nationalgarde gebildet. Während der Verteidigung Wiens gegen die konterrevolutionären Truppen im Oktober 1848 stellte die Nationalgarde mit 10 000 bis 12 000 ausgebildeten Kämpfern das stärkste Kontingent. Allerdings waren Teile der vom Kleinbürgertum beherrschten Nationalgarde teils unentschlossen, teils nicht zum Kampf bereit. Neben der in wenigen Tagen organisierten Mobilgarde oder Volkswehr, die jedoch unzureichend bewaffnet war, erwies sich die Akademische Legion als zuverlässige militärische Kraft. Ihre Reste kämpften nach dem Fall Wiens in der ungarischen Revolutionsarmee weiter.

4a Offiziersschärpe der Tschechischen Volksgarde
4b Tschako der Volksgarde von České Budějovice
Die revolutionäre tschechische Volksgarde, die 1848 in Prag und in Böhmen an der Spitze des bewaffneten Kampfes gegen die österreichischen konterrevolutionären Truppen focht, war nicht einheitlich uniformiert.

88

1   Preußischer Infanterist um 1864

2   Preußischer Infanterist um 1864

3   Preußischer Infanterist um 1870

4   Schema vom Schloß des Dreyse-Zündnadelgewehrs

89

Im Krieg Österreichs und Preußens gegen Dänemark 1864 und im Preußisch-Österreichischen Krieg 1866 wurden die seit 1843 eingeführten neuen Uniformen unter feldmäßigen Bedingungen erprobt. 1843 war an die Stelle des frackartigen Rockes der Waffenrock und an die des Tschakos der zunächst noch sehr hohe Helm mit Spitze, die Pickelhaube, getreten. Das gekreuzte Lederzeug war Ende der vierziger Jahre durch das Virchowsche Gepäck mit Koppel und Trageriemen ersetzt worden. 1850 kamen dazu zwei kleine Patronentaschen. In den sechziger Jahren wurden leichtere und niedrigere Helmmodelle eingeführt. Die Infanterie erhielt 1867 rote Kragen. Während der preußisch-deutschen Kriege von 1864, 1866 und 1870/71 wurden die Hosen vielfach in den Stiefeln getragen. Daraus ergab sich die Notwendigkeit, die Stiefelschäfte zu verlängern. Charakteristisch bis zum Ende des 19. Jahrhunderts blieb die nach russischem Vorbild getragene Mantelrolle von der Schulter zur Hüfte.

1 Russischer Offizier der Chevaliergarde um 1865
Die Chevaliergarde, die 1724 von Peter I. errichtet worden war, gehörte seit 1799 zur schweren Gardekavallerie und war wie die Kürassiere ausgerüstet, jedoch prächtiger uniformiert. 1864 wurde ein Kürassierhelm nach preußischem Muster eingeführt. Zum Galawachdienst wurde die rote Supraweste getragen. Der russische Doppeladler auf dem Helm gehörte zur Paradeausstattung.

90

2 Russischer reitender Artillerist um 1865
Die russische Artillerieuniform wandelte sich im 19. Jahrhundert wie die Infanterieuniform. Jedoch trug die reitende Artillerie von 1806 bis 1815 Kürassierhelme.

3 Polnischer Jäger um 1863
Die nationale Befreiungsbewegung im Königreich Polen kulminierte in den sechziger Jahren des 19. Jahrhunderts im Aufstand von 1863/64, in dessen Verlauf viele bewaffnete Formationen entstanden. Ihre Uniformierung erfolgte häufig in polnischen Nationaltrachten, wenn es auch nicht möglich war, die bewaffneten Korps einheitlich zu bekleiden.

1 Hannoverscher Gendarm um 1866
   In der hannoverischen Armee bestand seit 1840 als eine Art Ordon-
   nanztruppe die Königs-Gendarmerie, die nach Art der Husaren uniformiert war. Ähnliche Einheiten gab es auch in anderen deutschen
   Kleinstaaten.

2 Württembergischer Kavallerist um 1860
   Die württembergischen Reiterregimenter trugen von 1845 bis 1871
   die gleiche Kopfbedeckung wie die Infanterie, jedoch war der
   Tschako in anderen Farben gehalten und mit einem schwarzen
   Haarbusch geschmückt. Die 1864 verordnete Uniform mit zweireihi-
   gem Waffenrock war im Schnitt ebenfalls für Kavallerie und Infanterie gleich.

3 Bayrischer Ulan um 1870
   1863 wurden in Bayern erneut Ulanentruppenteile aufgestellt. Ihre
   Uniform glich im Schnitt der der Chevaulegers. Während diese
   einen Raupenhelm trugen, waren die Ulanen mit der Tschapka ausgestattet, die im Feld mit einem Überzug versehen wurde.

4 Ärmelaufschläge von Unterführern
4a Brandenburgischer Aufschlag
4b Französischer Aufschlag
4c Deutscher Aufschlag
4d Polnischer Aufschlag mit ungarischem Knoten
4e Schwedischer Aufschlag
4f Polnischer Aufschlag
4g Aufschlag der Kürassiere
4h Aufschlag der sächsischen schweren Reiterregimenter

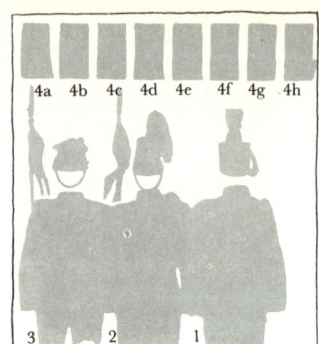

1 Bayrischer Jäger um 1870
In der bayrischen Armee wurde 1848 der Waffenrock in der traditionell hellblauen Farbe eingeführt. Der Raupenhelm wurde niedriger und erhielt die Form des sogenannten Jägerhelms, der von der
Infanterie von den vierziger bis zur Mitte der achtziger Jahre
getragen wurde. 1860 wurde die Gürtelrüstung mit Koppel und
Trageriemen aus schwarzem Lederzeug eingeführt. Die Jäger unterschieden sich durch die grünen Aufschläge und Paspelierungen
sowie die grünen Schützenschnüre von der Infanterie.

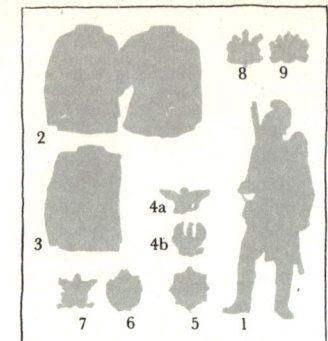

92

2 Braunschweigischer Infanterieoffizier um 1880
Die braunschweigische Infanterie trug von 1848 bis 1886 traditionsgemäß eine Uniform, die der des «Schwarzen Korps» des Herzogs Friedrich Wilhelm von Braunschweig-Oels ähnelte. Seit 1886
erhielt die braunschweigische Armee Uniformen nach preußischem
Vorbild.

3 Trompeter der sächsischen Feldartillerie um 1870
Die sächsischen Artillerieregimenter hatten Uniformen in den traditionellen Farben Grün und Rot. Die Trompeter der reitenden Abteilung des sächsischen Feldartillerieregimentes Nr. 12 trugen keine
Schwalbennester, sondern Bandlitzen.

4a Helmadler der preußischen Grenadierregimenter 2, 7, 8 und des
Dragonerregiments Nr. 1
4b Helmadler der alten preußischen Linienregimenter der Fußtruppen

5 Helm- und Tschakoemblem Königreich Sachsen

6 Helm- und Tschakoemblem Großherzogtum Hessen

7 Helm- und Tschakoemblem Großherzogtum Baden

8 Helm- und Tschakoemblem Königreich Württemberg

9 Helm- und Tschakoemblem Königreich Bayern

1 Französischer Grenadier der Kaisergarde Napoleons III.
Napoleon III. bildete 1854 eine Kaisergarde, deren Uniformierung sich an die Garde des ersten Kaiserreiches unter Napoleon I. anlehnte. Die Gardegrenadiere trugen anfangs einen blauen Frack mit weißen Rabatten und die traditionelle Bärenfellmütze. In den sechziger Jahren des 19. Jahrhunderts wurde der Frack durch den Waffenrock ersetzt, der jedoch länger war als der der Linieninfanterie. Der Grenadier trägt die sogenannte Quartiermütze, die sich aus der traditionellen Zipfelmütze entwickelt hat.

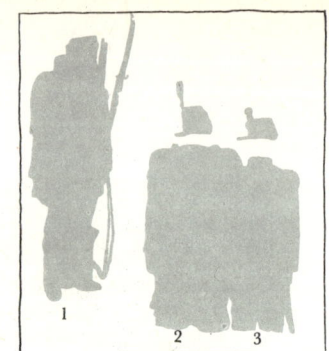

93

2 Französischer Infanterist (Füsilier) um 1865

3 Französischer Infanterist in Paradeuniform um 1870
Bei der französischen Infanterie wurden 1860 die Schöße des Waffenrocks verkürzt und seitlich geschlitzt. Dazu wurden weite Pluderhosen im Zuavenschnitt getragen. 1868 wurde ein zweireihiger und wieder etwas längerer Waffenrock eingeführt. Die Hosen wurden enger. Nachdem 1867 die Unterscheidung zwischen Elite- und anderen Kompanien aufgehoben worden war, trug die Linieninfanterie generell rote Epauletten. Der Tschako war 1856 niedriger geworden. 1868 wurde ein mit rotem Stoff bezogener Tschako eingeführt, jedoch wurde im Felde die rote Dienstmütze mit blauem Rand getragen. Seit 1867 wurde der graublaue Kapotmantel obligatorisch.

1 Französischer Dragoner der Kaisergarde um 1857
Für die französischen Dragoner blieb die grüne Uniformfarbe charakteristisch. 1868 wurde ein dunkelblauer Waffenrock eingeführt. Die Gardedragoner behielten jedoch das grüne Kollett. Die weiten Stiefelbeinkleider wurden bis zur Jahrhundertwende von der gesamten französischen Kavallerie getragen.

2 Attila eines französischen Dragoneroffiziers um 1890
In den achtziger Jahren des 19. Jahrhunderts erhielten die französischen Dragoner blaue Attilas mit schwarzen Schnüren und kürassierähnliche Helme, allerdings ohne Stutz auf der Spitze des Helmbügels.

3 Rückseite des Dolmans eines französischen Jägers zu Pferde der Kaisergarde um 1857
Die Gardejäger zu Pferde waren ebenso bekleidet wie die Husaren, die reiche Ausschmückung des Rückenteils blieb jedoch Privileg der Garde.

4 Käppi eines Jägers zu Pferde um 1880
Neben dem Helm der Kürassiere und Dragoner wurde das Käppi mit Stutz zur typischen Kopfbedeckung der französischen Kavallerie. Es wurde von Husaren und Jägern zu Pferde getragen. Husaren trugen dazu hellblaue Attilas mit weißer, Jäger mit schwarzer Verschnürung.

5 Pelzmütze der reitenden Artillerie der Kaisergarde um 1857

6 Trompete der reitenden Artillerie der Kaisergarde um 1857

1 Pariser Franktireur 1870/71
   Die Pariser Franktireurabteilungen, die sich während der deutschen Belagerung bildeten, trugen an der Kopfbedeckung eine Kupferplakette, die sie als bewaffnete Vertreter der Stadt Paris kennzeichnete.

2 Pariser Kommunardin mit Fahne 1871
   In der Nationalgarde der Pariser Kommune kämpften auch Frauen mit. Viele von ihnen trugen Käppis der Nationalgarde oder hatten sich ein kleines rotes Fahnentuch über die linke Brust geheftet.

3 Hut eines französischen Franktireurs 1870/71
   Die französischen Franktireure, die seit Mitte September 1870 den Volkskrieg gegen die deutschen Interventen verstärkten, versuchten sich uniformähnlich zu kleiden. Typisch dafür waren eine graublaue Kittelbluse, rote Schärpe sowie der graue Filzhut mit Hahnenfedern und Trikolorenkokarde.

4 Kappe eines Lazarettfuhrmanns 1870/71
   Das Sanitätswesen wurde im Krieg durch die Mobilisierung zivilen Personals, insbesondere für Transportdienste, ergänzt. Die auf diese Weise Mobilisierten behielten in der Regel ihre Zivilkleidung, wurden jedoch als im Militärdienst befindlich gekennzeichnet. Diesen Zweck erfüllte die wollene Kappe in den französischen Farben mit dem roten Kreuz.

95

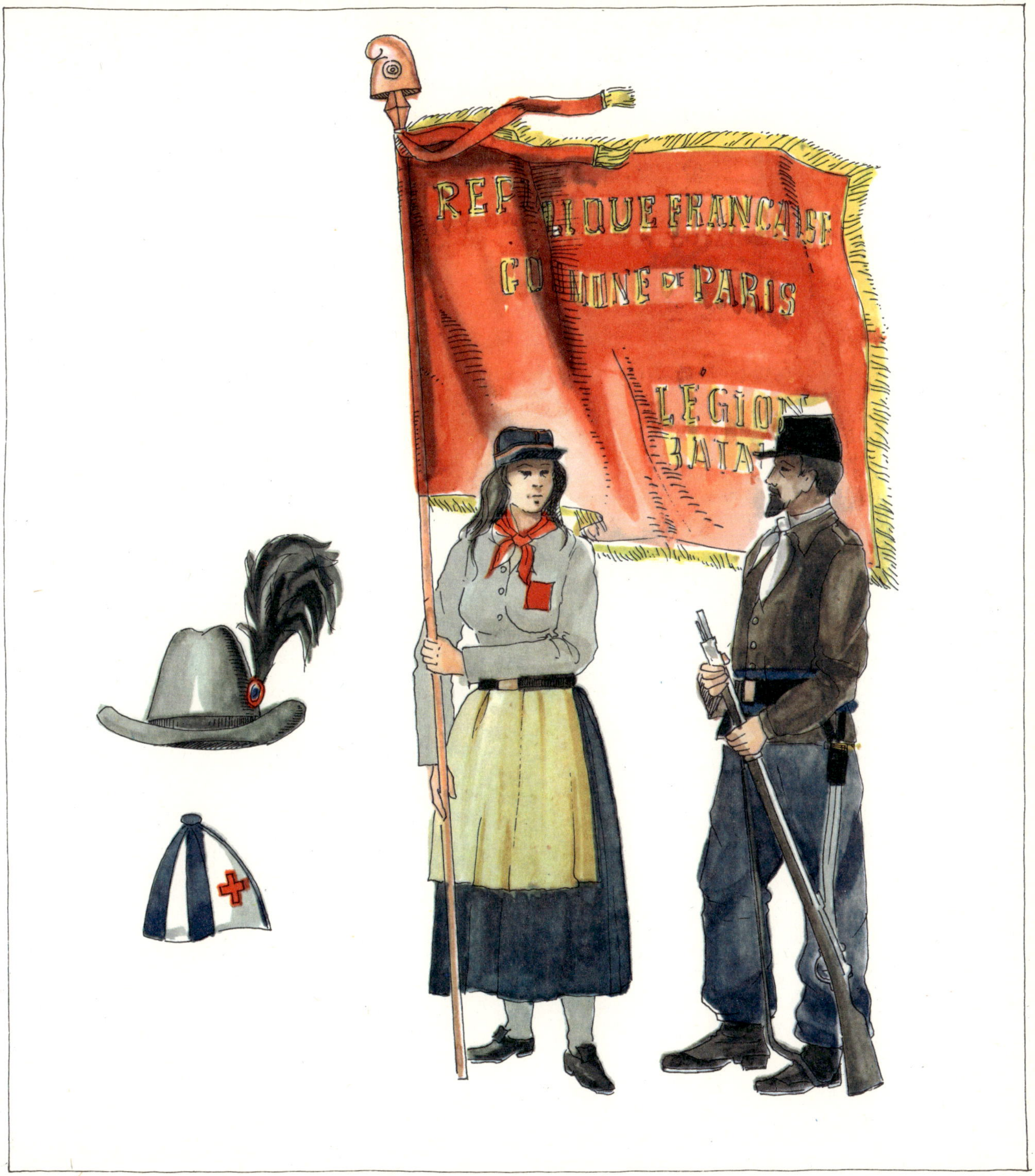
REP LIQUE FRANCAISE
CO MUNE DE PARIS
LÉGION
BATA

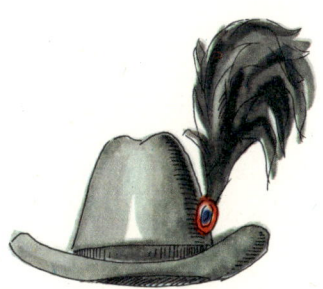

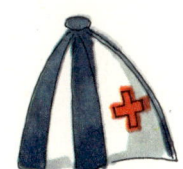

1 Nationalgardist der Arbeiterbataillone von Paris 1870/71
Die Nationalgarde von Paris, die Anfang September 1870 60 Bataillone zu je 800 bis 1000 Mann zählte, wuchs innerhalb von drei Wochen auf 194 Bataillone an, die auf Initiative des Volkes vor allem in den Arbeitervierteln entstanden. Charakteristisch für die Uniform der neuen Bataillone war der helle Matrosenkittel, die gewöhnliche Tracht des Pariser Proletariats.

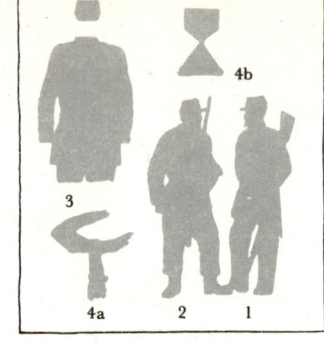

96

2 Nationalgardist des Zentralkomitees der Pariser Kommune März 1871
Dem im Februar 1871 gebildeten Zentralkomitee der Kommune wurden aus allen Legionen unmittelbar Nationalgardisten unterstellt. Ihre Uniform war sehr unterschiedlich, sie kombinierte zivile und militärische Elemente.

3 Uniform eines Generals der Pariser Kommune 1871

4a Schärpe eines Mitglieds des Zentralkomitees der Pariser Kommune
4b Abzeichen eines Mitglieds des Zentralkomitees der Pariser Kommune
Die Mitglieder des Zentralkomitees trugen eine Schärpe mit Silberfransen und ein Dreieck an rot-schwarzem Band. Eine Schärpe mit Goldfransen und eine rot-goldene Rosette kennzeichnete die Mitglieder der Versammlung der Kommune.

1 Hauptmann der Garibaldisten um 1870
Die Freischar Garibaldis spielte in den Kämpfen zur Einigung Italiens wiederum eine hervorragende Rolle. Nachdem sie 1862 und 1867 vergeblich versucht hatte, Rom von den französischen Okkupanten zu befreien, war an der Einnahme der Stadt im September 1870 auch eine Abteilung von ihr beteiligt. Die Garibaldisten waren in den sechziger Jahren relativ einheitlich uniformiert.

97

2 Italienischer Bersaglierikorporal um 1890
Die Bersaglieri gehörten seit ihrer Bildung 1836 im sardinischen und seit 1871 im italienischen Heer zu den Elitetruppen. Das charakteristische Kennzeichen der Bersaglieri war der breitkrempige Lederhut in Form des Kalabresers mit einem grünen Hahnenfederbusch.

3 Spanischer Rittmeister der Husaren um 1893
Farbe und Gestaltung der spanischen Husarenuniform änderten sich im 19. Jahrhundert kaum. Um 1910 wurden die beiden spanischen Husarenregimenter mit Pelzmützen ausgestattet.

4 Kappe eines portugiesischen Sanitätsoffiziers um 1903
Im portugiesischen Heer war 1885 die Pickelhaube preußischen Musters eingeführt und bereits 1900 wieder abgeschafft worden. Anstelle der Pickelhaube wurde ein niedriges kleines Käppi eingeführt.

1 Schweizer Scharfschützenoffizier um 1862
Die Infanterie des Schweizer Milizheeres erhielt 1862 langschößige, zweireihige Waffenröcke, deren Grundfarbe bei den Füsilieren Dunkelblau und bei den Schützen Grün war. Die Füsiliere hatten einen niedrigen Ledertschako nach französischem Vorbild, die Schützen einen schwarzen Lederhut mit grünen Hahnenfedern. Die rote Armbinde mit dem weißen Kreuz wurde bis 1914 getragen.

2 Dänischer Infanterist um 1864
Die dänische Infanterie erhielt 1859 für den Felddienst einen Mantel aus stärkerem Stoff. Der Tschako wurde niedriger. In der Regel wurde jedoch eine Feldmütze getragen. Das Tragegerüst aus schwarzem Leder wurde 1850 eingeführt.

3 Norwegischer Infanterist um 1903
Die norwegischen Uniformen lehnten sich seit 1814 infolge der Personalunion mit der schwedischen Krone (1814–1904) stark an das schwedische Vorbild an. Zu Beginn des 20. Jahrhunderts erhielt die norwegische Infanterie einen dunkelblauen Rock mit roter Paspelierung. Die früher getragene Pickelhaube wurde von einem niedrigen Tschako abgelöst.

98

1   Britischer Infanterieoffizier um 1855
    1855 wurde in der britischen Armee ein zweireihiger Waffenrock ein-
    geführt, der 1861 einreihig wurde. Für Offiziere trat an die Stelle der
    Epauletten auf der linken Schulter eine doppelt gedrehte Gold-
    schnur, die als Halterung für die Seidenschärpe diente. Der Albert-
    tschako wurde 1855 niedriger. Sein Nackenschirm entfiel. 1869
    wurde der Tschako erneut verkürzt.

2   Britischer Infanterist um 1886
    Die britischen Infanterieregimenter erhielten 1878 den der preußi-
    schen Pickelhaube nachempfundenen Korkhelm, der mit blauem
    Tuch bezogen und mit einem Helmbeschlag verziert war. Der ein-
    reihige Waffenrock im Grundschnitt von 1861 erhielt 1869/70 spitze
    Aufschläge und weiße ungarische Knoten.

3   Offizier des schottischen Schützenregiments um 1896
    Die schottischen Regimenter erhielten nach der Einführung des
    Waffenrocks ein besonderes Jackett (Doublet) mit schottischen Auf-
    schlägen und vier großen Taschenklappen. Das Schützenregiment
    war ein Tieflandregiment und trug demzufolge lange Hosen. Dagegen
    blieben die Hochlandregimenter mit dem Schottenrock, dem Kilt,
    bekleidet. Der Tschako ist das Modell von 1869.

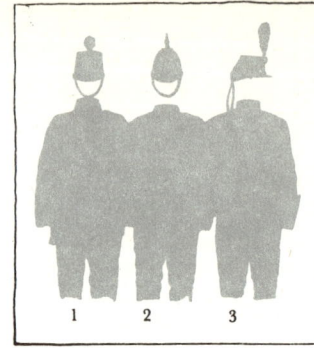

99

251

1 Britischer Tambourmajor um 1884
Die Füsilierregimenter erhielten 1878 eine mittelhohe Pelzmütze mit gelbmetallener Granate als Abzeichen. Die breite blaue Schärpe der Tamboure wurde gewöhnlich mit den Regimentsauszeichnungen geschmückt.

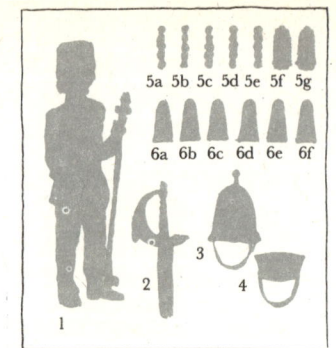

2 Britischer Offiziersdegen, 19. Jahrhundert
Dieses Modell wurde 1822 eingeführt und 1834 sowie 1846 in der Formgebung unwesentlich verändert.

3 Britischer Artilleriehelm um 1885
Die britischen Artillerietruppen, die seit 1837 Pelzmützen getragen hatten, wurden ab 1878 ebenfalls mit dem tuchüberzogenen Korkhelm ausgestattet. Im Überseedienst war der Stoffüberzug weiß. Der Artilleriehelm besaß keine Spitze, sondern eine Kugel als Helmzier.

4 Britische Dienstmütze Ende des 19. Jahrhunderts
Die Dienstmütze der Mannschaften hatte, von unbedeutenden Abweichungen abgesehen, seit 1815 die abgebildete Form.

5 Britische Schulterstücke nach 1881
5a Leutnant
5b Hauptmann
5c Major
5d Oberstleutnant
5e Oberst
5f Brigadier
5g General

6 Britische Schulterklappen der Felduniform
6a Leutnant
6b Major
6c Oberstleutnant
6d Brigadier
6e Generalmajor
6f Generalleutnant

1 Britischer Infanterieoffizier um 1906

2 Britischer Kavallerist um 1914
In der britischen Armee wurden bereits seit den siebziger Jahren
des 19. Jahrhunderts zunehmend khakifarbene Felduniformen getragen. 1901 wurden sie als Dienstuniform für alle Waffengattungen
eingeführt. An die Stelle der Gamaschen, wie sie seit 1859 vorgeschrieben waren, traten 1900 Wickelgamaschen. Die Dienstmütze
gehörte seit 1905 zur Dienstuniform für Soldaten und Offiziere. Die
Regimentsabzeichen fanden auf dem Kragen sowie über dem Mützenschirm ihren Platz. Der Rang der Offiziere war an den Aufschlag-
patten und an den Tressen um den Aufschlag kenntlich gemacht. Die
Felduniform der Kavallerie unterschied sich von derjenigen der Infanterie nur durch die Regimentsabzeichen. Die Patronentaschen
wurden in Bandelierform getragen.

3 Modelle des Lee-Enfield-Gewehrs 1893

101

1 Österreichisch-ungarische Infanteristen um 1879

2 Österreichischer Jäger um 1864

102

Bei der österreichisch-ungarischen Infanterie wurde 1868 der weiße Waffenrock durch einen dunkelblauen ersetzt. Die Hosen waren hellblau und weit, bei den ungarischen Regimentern jedoch anliegend und mit schwarz-gelber Verschnürung. Als Interimsbekleidungsstück wurde eine blaue Feldbluse getragen. Der Mantel mit zwei Knopfreihen war grau. Eine praktische Kopfbedeckung, die von vielen Armeen in ähnlicher Form übernommen wurde, war die Feldmütze aus Tuch mit ledernem Schirm.

Die Uniform der österreichischen Jägerbataillone durchlief im wesentlichen die gleichen Wandlungen wie die der Infanterie. Der Hut, der mit einem grünen Hahnenfederbusch geschmückt war, unterlag häufigen Änderungen in der Form. Die hechtgraue Uniformfarbe wurde bis 1915 beibehalten.

1 Österreichisch-ungarischer General um 1910

2 Österreichisch-ungarischer Infanterist um 1910

3 Österreichisch-ungarischer Pionier um 1910

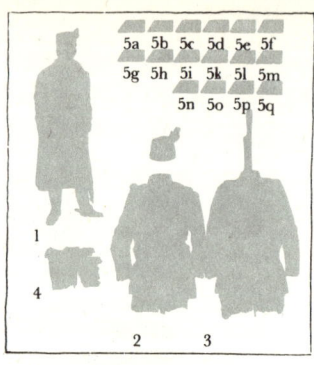

4 Hose der ungarischen Infanterieregimenter
Im österreichisch-ungarischen Heer wurde 1909 für Infanterie und
Artillerie eine hechtgraue Felduniform eingeführt. Das Lederzeug
wurde braun. Die ungarischen Infanterieregimenter behielten ihre
engen Hosen mit dem Schnürenbesatz. Ein traditionelles Symbol
des österreichisch-ungarischen Heeres waren die Eichenblätter beziehungsweise im Winter die Tannenzweige, die an der Kopfbedeckung befestigt wurden.

5 Rangabzeichen des österreichisch-ungarischen Heeres
5a Soldat
5b Gefreiter
5c Korporal
5d Zugführer
5e Feldwebel
5f Fähnrich
5g Leutnant
5h Oberleutnant
5i Hauptmann
5k Major
5l Oberstleutnant
5m Oberst
5n Generalmajor
5o Feldmarschalleutnant
5p Feldzeugmeister bzw. General der Kavallerie
5q Feldmarschall

1 Russischer Infanterist um 1912

2 Russischer Kubankosak um 1912
Das russische Heer wurde 1910 neu uniformiert. Alle Truppenteile erhielten khakifarbene beziehungsweise graugrüne Felduniformen. Die Tellermütze der Mannschaften bekam wie die der Offiziere einen Schirm. Die Achselklappen waren auf einer Seite farbig und entsprachen denen der Friedensuniform, auf der anderen Seite khakifarben mit gelben Nummern beziehungsweise gelbem Namenszug. Die Kavallerie behielt die blauen Hosen mit farbigem Vorstoß. Zwar war die neue Felduniform auch für die Kosaken verbindlich, doch gab es hier verschiedene Ausnahmen.

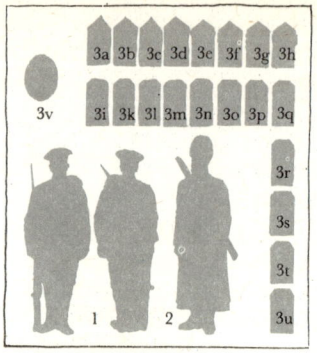

104

3 Rangabzeichen des russischen Heeres
3a Soldat des 16. Infanterieregiments
3b Soldat der Garde-Infanterie
3c Soldat 2. Klasse
3d Einjährig-Freiwilliger
3e Gefreiter
3f Jüngerer Unteroffizier
3g Älterer Unteroffizier
3h Feldwebel
3i Unterfähnrich
3k Fähnrich
3l Unterleutnant
3m Leutnant
3n Stabskapitän
3o Kapitän
3p Oberstleutnant
3q Oberst
3r Generalmajor
3s Generalleutnant
3t General
3u Feldmarschall
3v Kokarde für Mannschaften

1 Feldwebel der kaiserlich-preußischen Schloßgarde-Kompanie in Galauniform um 1880
An den Königs- und Fürstenhöfen gab es vor allem für Repräsentationszwecke besonders bekleidete Einheiten, die keinen regulären Felddienst wie die anderen Gardetruppenteile ausübten. Ihre Uniformen waren mit Repräsentationssymbolen überladen.

2 Offiziershelm des Regiments Garde du Corps

3 Offiziershelm der sächsischen Gardereiter

4 Helm für die Leibgarde der bayrischen Hartschiere (Galadienst)

5 Offiziersepauletten des preußisch-deutschen Heeres
5a Leutnant
5b Oberleutnant
5c Hauptmann
5d Major
5e Oberstleutnant
5f Oberst
5g Generalmajor
5h Generalleutnant
5i General (einer Waffengattung)
5k Generaloberst
5l Generalfeldmarschall
Die Epauletten wurden bis 1915 zur Parade- und zur Gesellschaftsuniform getragen.

1 Preußischer General um 1910

2 Preußischer Infanterieoffizier um 1910

3 Preußischer Offizier der Jäger zu Pferd um 1910

4 Preußischer Offizier der Garde-Ulanen um 1910

5 Bayrischer Jägeroffizier um 1910

6 Bayrischer Chevaulegeroffizier um 1910

7 Sächsischer Schützenoffizier um 1910

8 Offizier der Sächsischen Fußartillerie um 1910

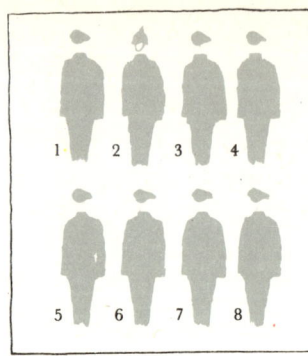

106

Im kaiserlich deutschen Heer wurde 1910 eine feldgraue Uniform
eingeführt. Mütze, Waffenrock und Hose behielten den traditionellen Schnitt der Waffen- beziehungsweise Truppengattungen. Die
Aufschläge, Borten und Litzen waren nach wie vor farbig. Hier
kamen traditionelle Besonderheiten der Armeen der einzelnen Staaten am stärksten zum Ausdruck. An der Mütze wurde sowohl die
Reichskokarde als auch die jeweilige Landeskokarde getragen. Die
bisherigen Stickereien und Litzen der Offiziersuniform wurden durch
silberfarbene Kapellenlitzen auf farbigen Tuchunterlagen ersetzt.
Die silberfarbene Feldbinde der Offiziere wurde nach 1914 durch
einen ledernen Leibgurt ersetzt. Der Helm für Mannschaften und
Offiziere erhielt einen feldgrauen Tuchüberzug.

1 Preußischer Sergeant der Garde zu Fuß um 1910

2 Preußischer Hornist der Infanterie um 1910

3 Sächsischer Ulan um 1910

4 Bayrischer schwerer Reiter um 1910

5 Achselklappen für Mannschaften und Unteroffiziere
5a 2. Preußisches Garde-Regiment zu Fuß
5b 5. Preußisches Jäger-Bataillon
5c 3. Preußisches Garde-Ulanen-Regiment
5d 3. Preußisches Husaren-Regiment
5e 4. Preußisches Regiment Jäger zu Pferd

6 Kragen von Mannschaften und Unteroffizieren
6a Kragen der Feldwebel und Wachtmeister
6b Stehumfallkragen für Wachtmeister und Feldwebel
6c Kragen der Unteroffiziere
6d Kragen der Gefreiten (Garde)
6e Ärmelabzeichen an der Litewka für etatmäßige Feldwebel und Wachtmeister
6f Abzeichen am Mantel für etatmäßige Feldwebel und Wachtmeister
    Die Mannschaften trugen Feldmützen ohne Schirm, die in der preußischen Armee nach russischem Vorbild bereits in der Mitte des 19. Jahrhunderts eingeführt worden waren. Alle Mannschafts- und Unterführerdienstgrade besaßen Schulterklappen ohne Rangabzeichen. Knöpfe mit den Landeswappen am Kragen, Tressen um Kragen und Ärmelaufschläge sowie die Seitenwaffe mit dem Portepee wiesen den Dienstgrad aus.

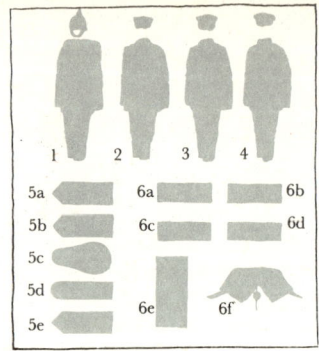

107

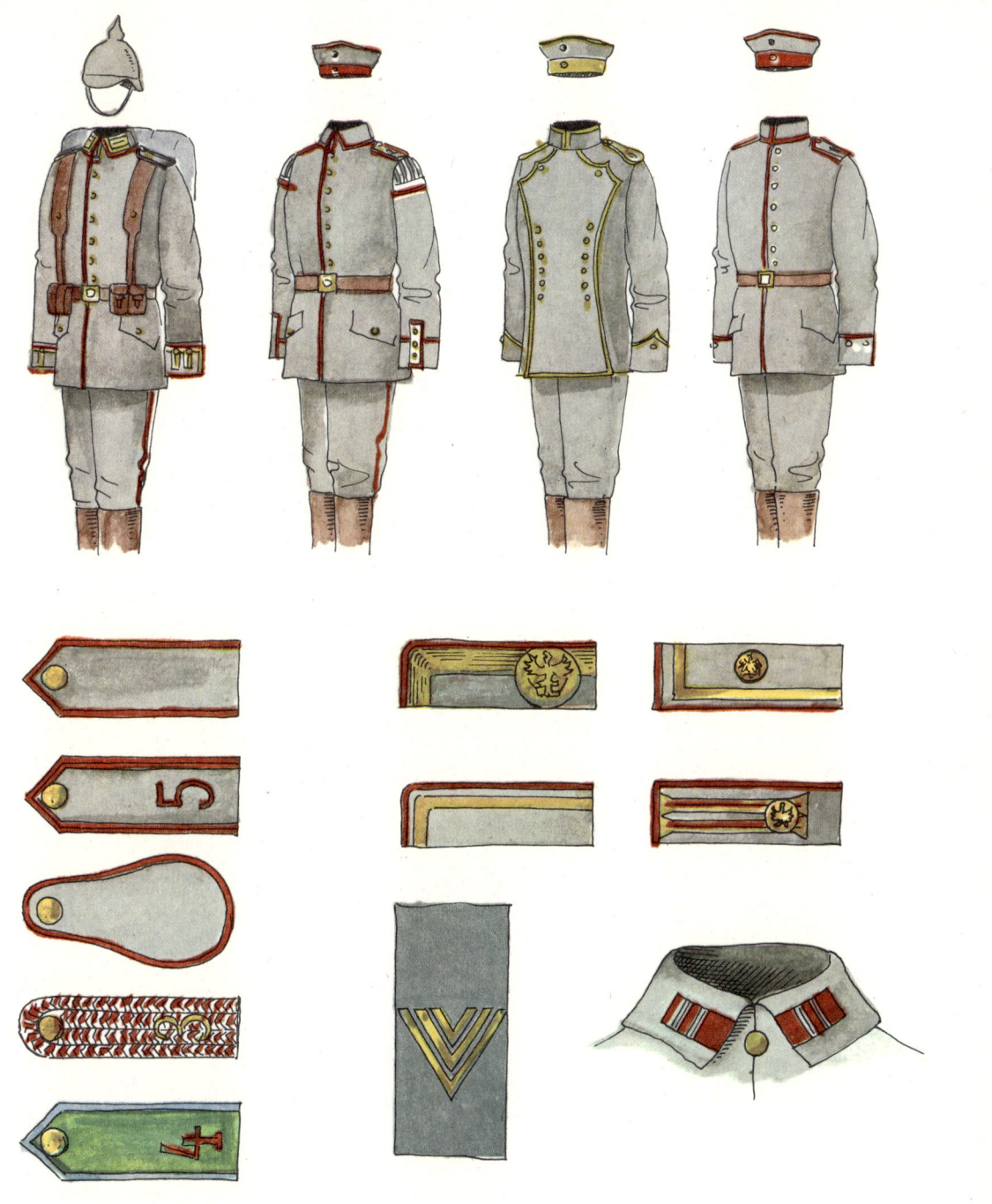

1 Französischer Infanterist im Mantel um 1914
   Die Uniform der französischen Infanterie zu Beginn des ersten Weltkrieges glich trotz kleinerer Veränderungen im wesentlichen noch
   der von 1870/71. 1884 war der Tschako durch ein leichtes Käppi
   ersetzt worden. Zum Felddienst wurde generell der Mantel getragen.

2 Französischer Kürassierkorporal um 1914
   Die französischen Kürassiere erhielten bereits 1860 einen blauen
   Waffenrock. Der Helm bekam 1872 einen stärkeren Nackenschutz,
   blieb jedoch wie der Küraß bis zu Beginn des ersten Weltkrieges von
   größeren Änderungen verschont.

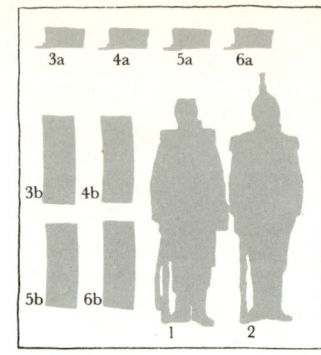

108

3a
3b Mütze und Ärmelaufschlag eines französischen Leutnants

4a
4b Mütze und Ärmelaufschlag eines französischen Majors

5a
5b Mütze und Ärmelaufschlag eines französischen Oberstleutnants

6a
6b Mütze und Ärmelaufschlag eines französischen Brigadegenerals

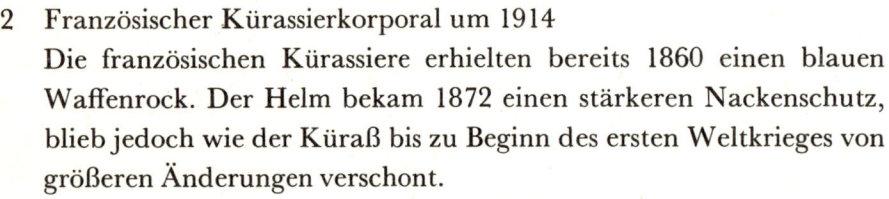

1   Belgischer Offizier der reitenden Artillerie in Paradeuniform um 1890
    Die belgischen Uniformen lehnten sich seit 1831 an französische
    Modelle an. Auch die Artillerieuniform ähnelte in vieler Hinsicht
    der französischen. Als Kopfbedeckung wurde eine Pelzmütze mit
    Beutel getragen.

2   Offiziersrangabzeichen des belgischen Heeres
2a Leutnant
2b Oberleutnant
2c Hauptmann
2d Oberstleutnant
2e Generalmajor
2f u. 2g Generalleutnant

3   Ärmelabzeichen des belgischen Heeres für Unterführer
3a Soldat 1. Klasse
3b Korporal

4   Niederländischer Infanterist um 1905
    Die niederländische Infanterie trug seit 1900 zum Felddienst einen
    blauen einreihigen Waffenrock. Die Regimentsnummer war am
    Kragen in Rot angebracht. 1912 wurde eine graue Felduniform für
    alle Waffengattungen eingeführt.

5   Rangabzeichen des niederländischen Heeres
5a Fähnrich
5b Leutnant
5c Oberleutnant
5d Major
5e Oberst

6   Quasten an Fangschnüren niederländischer Grenadiere und Jäger
6a Hauptmann
6b Oberstleutnant

109

271

1 Serbischer Infanterieoffizier um 1890

2 Serbischer Infanteriekorporal um 1914

3 Serbische Offiziersfeldmütze

4 Feldspaten der serbischen Infanterie

5 Gewehr M 98 der serbischen Infanterie

Die serbische Infanterie erhielt ab 1880 dunkelblaue einreihige Waffenröcke und graublaue Hosen. Die Offiziere hatten einen zweireihigen Waffenrock. Nachdem 1912 probeweise eine khakifarbene Uniform eingeführt worden war, wurde 1914 ein großer Teil des Heeres damit ausgestattet. Im Unterschied zur Feldmütze der Mannschaften war die der Offiziere mit Augenschirm, farbigem Vorstoß und Kokarde versehen. Die serbischen Reserveformationen (2. und 3. Aufgebot) trugen die üblichen Feldmützen zu einer Art Bauerntracht in brauner Grundfarbe.

1 Rumänischer Jäger zu Fuß um 1912

2 Rumänische Regimentsfahne um 1914

3 Koppel mit Patronentasche und Bajonett der rumänischen Infanterie um 1914

4 Rumänische Kokarde
Im rumänischen Heer wurde seit 1912 eine hechtgraue Felduniform erprobt, jedoch erst 1916 endgültig eingeführt. Kragenpatte und -vorstoß sowie die Nummern auf den Achselklappen wiesen die Waffen- beziehungsweise Regimentsfarbe auf. Die Waffenfarbe der Jäger war Grün. Anstelle der Patten am Kragen trugen die Mannschaften der Jäger ein grünes Jagdhorn.

5 Bulgarischer Soldat des Landsturms um 1908

6 Bulgarischer Infanterist um 1908
Die Uniformen des bulgarischen Heeres waren nach russischem Vorbild gestaltet. 1908 wurde eine graugrüne Felduniform eingeführt, die jedoch nur zu Paradezwecken verwendet werden sollte. In der Regel trugen die Mannschaften zum Felddienst bräunliche Uniformen. Der Landsturm hatte eine im folkloristischen Stil gehaltene Bekleidung. Große Teile des Heeres waren mit Opanken ausgestattet, wie sie vor allem von der bäuerlichen Bevölkerung als Fußbekleidung getragen wurden.

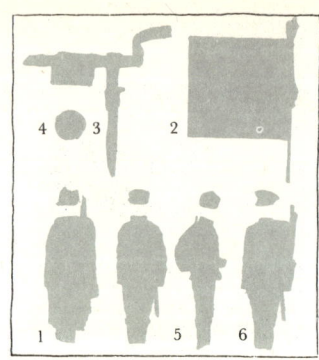

111

1 Griechischer Infanterist um 1912

2 Griechischer Unteroffizier der königlichen Garde (Jäger) um 1912
Das griechische Heer erhielt nach der Thronbesteigung des Prinzen
Georg von Dänemark 1863 neue Uniformen, die den dänischen
ähnelten. Die Infanterie trug dunkelblaue, einreihige Waffenröcke
und hellblaue Hosen. Der Kragen war rot, Aufschläge und Vorstöße rot paspeliert. Seit 1912 wurde eine khakifarbene Felduniform
eingeführt.
Die königliche Leibgarde war aus Jägern formiert, die zur Parade
und im Wachdienst eine alte griechische Volkstracht trugen. Im
täglichen Dienst und im Feld waren blaue Jacken mit langen weiten
Schößen reglementiert.

3 Türkischer Jäger zu Fuß um 1900

4 Helm der türkischen Felduniform um 1909
Der im letzten Drittel des 19. Jahrhunderts zunehmende deutsche
Einfluß in der Türkei machte sich auch im Uniformstil bemerkbar.
In den neunziger Jahren des 19. Jahrhunderts erhielt die Infanterie
dunkelblaue Waffenröcke. Bei den Jägern war die Abzeichenfarbe
Grün und das Lederzeug schwarz. Für die Fußtruppen blieb als
Kopfbedeckung der rote Fes mit dunkelblauer Quaste in der Aus-
rüstung.
Seit 1909 wurde in der türkischen Armee eine khakifarbene Feld-
uniform eingeführt. Die an den Tropenhelm erinnernde Kopfbe-
deckung der Infanterie war aus khakifarbenem Tuch.

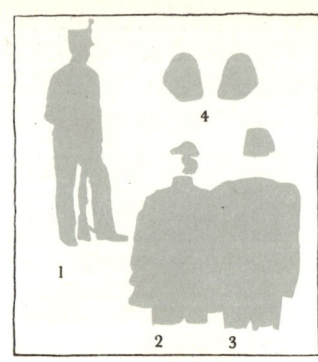

112

1 Britischer Infanterist (Radfahrer) um 1900
1a Abzeichen des britischen Heeres für Entfernungsschätzer
1b Abzeichen des britischen Heeres für Bataillonsmaschinengewehrab-
   teilungen
1c Abzeichen des britischen Heeres für Winkertruppen

2 Französischer Alpenjäger (MG-Schütze) um 1914
2a Abzeichen des französischen Heeres für Telegrafentruppen
2b Abzeichen des französischen Heeres für Feldpioniere (Sappeure)
2c Abzeichen des französischen Heeres für Radfahrtruppen

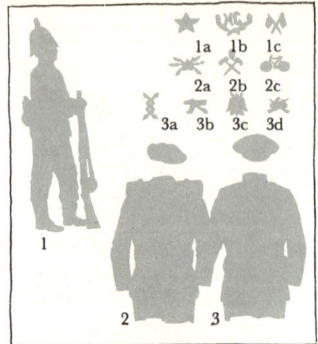

113

3 Russischer Offizier der Telegrafentruppe um 1910
3a Abzeichen des russischen Heeres für Telegrafentruppen
3b Abzeichen des russischen Heeres für MG-Schützen
3c Abzeichen des russischen Heeres für Funkertelegrafisten
3d Abzeichen des russischen Heeres für Radfahrtruppen
   Im letzten Drittel des 19. Jahrhunderts und zu Beginn der imperialistischen Ära bedingte die schnelle militärtechnische Entwicklung die
   Entstehung neuer Spezialtruppen und Dienste. Die Pionier-,
   Eisenbahn- und Telegrafentruppen nahmen rasch zu. Allerdings
   blieben infolge des allgemein vorherrschenden Konservatismus die
   technischen Truppen in der Regel Stiefkinder der Heeresleitung.
   Die Abzeichen der technischen Truppen wurden am Ärmel, auf den
   Achselklappen oder am Kragen getragen.

1 Österreichisch-ungarischer Eisenbahnsoldat um 1909
Die ersten Eisenbahnabteilungen des österreichischen Heeres ent-
standen in den siebziger Jahren des 19. Jahrhunderts. 1883 wurde das
Eisenbahn-Telegrafenregiment gebildet, das 1909 die hechtgraue
Felduniform erhielt.

2 Preußischer MG-Schütze um 1903

3 Mannschaftsrock des preußischen Kraftfahrbataillons um 1911
3a
3b Kragenspiegel und Mütze des Kraftfahrbataillons
Die Maschinengewehrabteilungen, deren Aufstellung 1901 begann,
zählten zu den Jäger- und Schützentruppen. Während die Maschinengewehrabteilungen schon bei ihrer Errichtung graugrüne Uniformen erhielten, wurde diese Farbe für die Jäger und Schützen erst 1910
mit der Einführung der Felduniform verbindlich. Die Uniform der
Kraftfahrbataillone unterschied sich von derjenigen der Eisenbahn-
regimenter durch ein rotes K auf der Achselklappe.

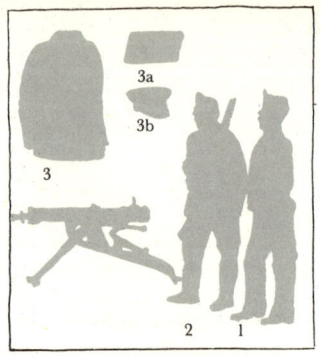

114

ERKLÄRUNG
UNIFORMKUNDLICHER BEZEICHNUNGEN

Bandelier	Schulterriemen bzw. Ledergehänge zum Tragen von Ausrüstungsgegenständen.
Dolman (Attila)	Schoßlose Jacke, die über der Brust verschnürt war und mit Knebeln oder Knöpfen geschlossen wurde. Der im Schnitt waffenrockähnliche Attila löste im 19. Jahrhundert den Dolman ab.
Epauletten	Schulterstücke aus Tuch oder Metall, meist birnenförmig und am runden Ende häufig mit Fransen versehen.
Flügelmütze/Schakelhaube (Mirliton)	Hohe, sich nach oben verjüngende schirmlose Kopfbedeckung, meist aus Filz, mit umgeschlungenem, spitz zulaufendem Stoffband, dessen freies Ende als «Flügel» herabhing.
Gamaschen	Vom Knöchel bis meist zum Knie reichende Beinbekleidung aus Stoff oder Leder. Gamaschen wurden zugeknöpft, geschnallt oder gewickelt.
Gürtelrüstung	Aus Leibgurt und Tragriemen bestehendes ledernes Tragegerüst, das seit Mitte des 19. Jahrhunderts die vorher an Gurt und Bandelier getragenen Ausrüstungsstücke aufnahm.
Kapot	Langer, mantelartiger Überrock mit schmalem Kragen und Aufschlägen.
Käppi	Leichte, niedrige Kopfbedeckung aus Tuch oder Filz, meist mit Vorderschirm.
Kartusche	Ledertasche zur Aufnahme der Patronen, die am Koppel oder Bandelier getragen und meist mit Deckelbeschlag geschmückt wurde.

Kaskett	Helm- oder mützenartige leichte, meist lederne Kopfbedeckung verschiedenster Form, häufig mit Woll- oder Fellraupe versehen.
Koller	Ursprünglich lederner, meist ärmelloser westenartiger Rock, später waffenrockähnlich aus Tuch.
Kollett	Enganliegender, bis zur Taille geschlossener kurzschößiger Rock, ursprünglich nur von der Kavallerie getragen.
Kolpak	An der Pelzmütze der berittenen Truppen herabhängender Tuchbeutel; teilweise auch Bezeichnung für die gesamte Beutelmütze.
Küraß	Metallener Brustpanzer der schweren Kavallerie, meist als Doppelküraß mit Brust- und Rückenpanzer getragen und durch Schulterbänder sowie Leibriemen zusammengehalten.
Kurtka (Ulanka)	Kurzschößige Jacke mit breiten Rabatten, die zum typischen Kleidungsstück der Ulanen wurde.
Litewka	Kittelartiger, meist knielanger Uniformrock mit Knopfleisten; Vorläufer des Waffenrocks.
Pantalons	Lange, röhrenförmige Hose, löste nach der Französischen Revolution die Kniehosen ab.
Paspel/Biese	In die Nähte der Uniform eingenähter schmaler Stoffstreifen, der als andersfarbiger Vorstoß sichtbar ist.
Pickelhaube	Mit metallener Spitze versehener Leder- beziehungsweise Metallhelm.

Pelz   Mit Fell eingefaßte und wie der Dolman/Attila verschnürte Winterjacke hauptsächlich der Husaren; wurde zu Paraden, über eine Schulter gelegt, zum Dolman/Attila getragen.

Portepee   Um den Griff der Seitenwaffe geschlungener Faustriemen mit Quaste, dessen verschiedene Ausführung in der Regel unterschiedliche Dienstgrade kennzeichnete.

Quartiermütze   (Lagermütze, Dienstmütze, Feldmütze) Leichte Kopfbedeckung verschiedener Form, die ursprünglich nur zum Innendienst getragen wurde, später vorschriftsmäßiger Bestandteil der Felddienstuniform wurde.

Rabatten   Umschlagklappen an der Vorderseite des Uniformrocks, überwiegend in einer anderen Farbe als das Grundtuch des Rockes und meist mit Besatz geschmückt.

Ringkragen   Halbmondförmiges Metallschild unterschiedlicher Ausführung und Ausschmückung, das, vorn am Hals getragen, als Offiziersabzeichen diente.

Säbeltasche   (Pallaschtasche) Ursprünglich nur von Husaren, später auch von anderen Kavalleriegattungen oder reitender Artillerie am Schwungkoppel des Wehrgehenks getragene flache Ledertasche mit oft reich verziertem Deckel.

Schabracke   Farbige, oft auch verzierte Satteldecke.

Schabrunke   Farbige, oft auch verzierte Decke über den Pistolenhalftern bzw. Packtaschen.

Schärpe   (Feldbinde) Über die Brust oder um den Leib getragenes breites Schmuckband, meist aus Seide, auch gold- oder silbergewirkt, oft mit Fransen oder Quasten. Diente in der Regel als Offiziersabzeichen.

Schnürenschärpe   (Husarenschärpe) Schärpe aus farbigen Tuchschnüren und andersfarbenen Knebeln.

Schulterstücke   (Schulterklappen) Auf die Schulter genähte oder aufknöpfbare Stoffstreifen oder -stücke zum Halten des Bandeliers bzw. der Schärpe; dienten später zur Unterscheidung von Truppenteilen und Dienstgraden.

Spenzer   Bis zur Taille geschlossener, vorn gerade geschnittener frackartiger Rock; löste in den ersten Jahren des 19. Jahrhunderts den offenen, vorn schräg- beziehungsweise rundgeschnittenen Frack ab.

Sponton   Stangenwaffe, vom Ausgang des 17. Jahrhunderts bis zum Beginn des 19. Jahrhunderts von den Offizieren als Rangabzeichen getragen.

Stiefelbeinkleider   Aus einem Stück bestehende weite lange lederbesetzte Hosen und Stiefel, die vor allem von der französischen Kavallerie getragen wurden.

Supraweste   Wie ein Küraß geschnittene, oft reich verzierte Tuchweste, die besonders von berittenen Leibgarden getragen wurde.

Tresse   (Litze) Schmales, durchbrochen gewebtes Band oder Borte, meist mit Gold- oder Silberfäden, zum Besatz von Uniformstücken.

Tschako   Zylinderförmige militärische Kopfbedeckung aus Filz oder Leder.

Tschapka   Der polnischen Nationaltracht entlehnte militärische Kopfbedeckung mit hohem, meist viereckigem Deckel.

Waffenrock   Geschlossener, vorn geknöpfter, ursprünglich knielanger Uniformrock, der in der Mitte des 19. Jahrhunderts die frackartigen Uniformröcke in allen europäischen Armeen ablöste.

VERZEICHNIS
DER WICHTIGSTEN BENUTZTEN LITERATUR

Alte Uniformen, 18.–20. Jahrhundert, München 1974

Barnes, Robert Money, A history of the regiments and uniforms of the British army, London 1954

Beck, August, Königlich Sächsische Armee in ihrer neuesten Uniformierung, o.J.

Die belgische Armee in ihrer gegenwärtigen Uniformierung, Leipzig o.J.

Bellangé, Hippolyte, Die Soldaten der französischen Republik und des Kaiserreiches, Leipzig 1843

Cassin-Scott, Jack, Fabb, John, und Haythornthwaite, Philip, Uniformen der Napoleonischen Kriege, München 1974

Costume of the army of the British Empire. According to the last regulations, London 1812

Die englische Armee in ihrer gegenwärtigen Uniformierung, nebst ausführlichen Erläuterungen und Mitteilungen über Einteilung, Organisation etc. sowie mit einer Liste der sämtlichen regulären Regimenter, Leipzig 1900

Domonkos, Imre, Jambor, Tibor, 1848–1849. A szabadságharc katonáinak egyenruhai, Budapest 1950

Europa in Waffen. Die sämtlichen europäischen Heere in ihrer jetzigen Uniformierung, Stuttgart 1873

Funcken, Liliane et Fred, Le costume et les armes des soldats de tous les temps, 2 Bde, Tournai 1966/67

Ganier, Henry, Costumes des régiments et des milices recrutés dans les anciennes provinces d'Alsace et de la Sarre des Républiques des Strasbourg et dé Mulhouse la principanté de Montbéliard et le duché de Lorraine pendant les 17. et 18. siecles, Epinal 1882

Gasparinetti, Alessandro, L'Uniforme Italiana Nella Storia E Nell'Arte, Rom 1961

Handbuch der österreichischen Uniformen, Wien u. Leipzig 1937

Heere der Vergangenheit. Ihre Uniformierung, Bewaffnung, Ausrüstung und Feldzeichen (Lieferungswerk), Krefeld 1965ff.

Haythornthwaite, Philip, World uniforms and battles in colour 1815–50, 1976

Heine, Ferdinand, Abbildungen der neuen Uniformen der Kgl. Sächsischen Armee, Dresden 1832

Hvidt, Anton, Dansk Infanteris Uniform og Oppakning gennem de sidste 200 Ar, Kopenhagen o.J.

Die italienische Armee in ihrer gegenwärtigen Uniformierung, Leipzig o.J.

Kannik, Preben, Uniformen in Farben, Berlin(West) 1967

Knötel, Herbert, Sieg, Herbert, Handbuch der Uniformkunde. Die militärische Tracht in ihrer Entwicklung bis zur Gegenwart, Hamburg 1937

Knötel, Richard, Uniformkunde. Lose Blätter zur Geschichte der Entwicklung der militärischen Tracht, 18 Bde, Rathenow 1890–1919

Köhler, Bruno, Allgemeine Trachtenkunde, Leipzig o.J.

Krahmer, Geschichte der Entwicklung des russischen Heeres von der Thronbesteigung des Kaisers Nikolai I. Pawlowitsch bis auf die neueste Zeit, Leipzig 1896

Krause, Gisela, Altpreußische Uniformfertigung als Vorstufe der Bekleidungsindustrie, Hamburg 1964

Lacouque, Henry, Dix siécles de costume militaire, Paris 1963

Les Uniformes de l'Armeé Française depuis 1690 jusqu'a nos jours. Texte et dessins par le Docteur Lienhart et René Humbert, Leipzig o.J.

Lezius, Martin, Das Ehrenkleid des Soldaten. Eine Kulturgeschichte der Uniform von ihren Anfängen bis zur Gegenwart, Berlin 1936

Malibran, H., Album du guide à l'usage des artistes et des costumiers des uniformes de l'Armeé Française de 1780 à 1848, Krefeld 1972

Martin, Paul, Der bunte Rock. Uniformen im Wandel der Zeit, Stuttgart 1963

Mila, Geschichte der Bekleidung und Ausrüstung der Königlich Preußischen Armee in den Jahren 1808 bis 1878, Berlin 1878

Military uniforms of Britain and the Empire 1742 to the present time, London 1960

Mollo, John, Die bunte Welt der Uniformen. 250 Jahre militärische Tracht, Stuttgart 1972

Müller, Heinrich, Kunter, Fritz, Europäische Helme aus der Sammlung des Museums für Deutsche Geschichte, Berlin o. J.

Münich, Friedrich, Geschichte der Entwicklung der bayerischen Armee seit zwei Jahrhunderten (1618 bis 1870), München 1864, erweiterter photomechanischer Nachdruck, Krefeld 1972

Muzeum Wojska Polskiego w Warszawie, Zolnierz polski, Bd. I–IV, Warschau 1961–1963

Die niederländische Armee nebst der Kolonialtruppen und Freiwilligenkorps in ihrer gegenwärtigen Uniformierung, Leipzig o. J.

Die österreichisch-ungarische Armee, Leipzig o. J.

Ottenfeld, Rudolf von, Teuber, Oscar, Die österreichische Armee 1700–1867, 2 Bde, Wien o. J.

Pietsch, Paul, Die Formations- und Uniformierungsgeschichte des preußischen Heeres 1808–1914, 2 Bde, Hamburg 1963

Puletti, Rudolfo, Caricat! Tre secoli di storia dell'Arma di Cavalleria, Band 1–10, Bologna 1973

Ringoir, H., De Nederlandse Infanterie, Bussum 1967

Saint-Hilaire, Emil Marco von, Geschichte der Kaisergarde, Leipzig 1848

Schneider, Hugo, Vom Brustharnisch zum Waffenrock, Frauenfeld 1968

Die schwedische Armee in ihrer gegenwärtigen Uniformierung, Leipzig o. J.

Seaton, Albert, Yonens, Michael, The Russian army of the Napoleonic wars, Norwich 1973

Die spanische Armee in ihrer gegenwärtigen Uniformierung, Leipzig o. J.

Stein, F. v., Geschichte des russischen Heeres vom Ursprunge desselben bis zur Thronbesteigung des Kaisers Nikolai I. Pawlowitsch, Hannover 1885

Süßmann, Anton, Die Armeen Rumäniens und Bulgariens. Ihre Organisation, Bewaffnung, Ausrüstung und Uniformierung, Leipzig 1914

Süßmann, Anton, Die Armeen Serbiens und Montenegros. Ihre Organisation, Bewaffnung, Ausrüstung und Uniformierung, Leipzig 1915

Die Uniformen der deutschen Armee, Leipzig 1904

Waffen- und Kostümkunde. Zeitschrift der Gesellschaft für historische Waffen- und Kostümkunde, München, Berlin

Waffen und Uniformen in der Geschichte. Ausstellung des Museums für Deutsche Geschichte, Berlin 1957

Zeitschrift für Heereskunde. Wissenschaftliches Organ für die Kulturgeschichte der Streitkräfte, ihre Bekleidung, Bewaffnung und Ausrüstung, für heeresmuseale Nachrichten und Sammlermitteilungen, Hamburg

REGISTER
DER UNIFORMEN

Die in Klammern stehenden Ziffern geben die Nummern der Bildtafeln samt Erläuterungen an

ISBN 3-327-00295-9

3. Auflage, 1987
© Militärverlag der Deutschen Demokratischen Republik (VEB) – Berlin
Lizenz-Nr. 5
LSV 0549
Printed in the German Democratic Republic
Lektoren: Klaus Dorst, Inge Fischer
Gesamtgestaltung: Wolfgang Ritter
Farbaufnahmen: Gerhard Thiede
Zeichnungen im Text: Helmut Kloss
Lichtsatz: INTERDRUCK Graphischer Großbetrieb Leipzig – III/18/97
Druck und buchbinderische Weiterverarbeitung:
Grafischer Großbetrieb Sachsendruck Plauen
Redaktionsschluß: August 1982
Bestellnummer: 745 944 1
03500

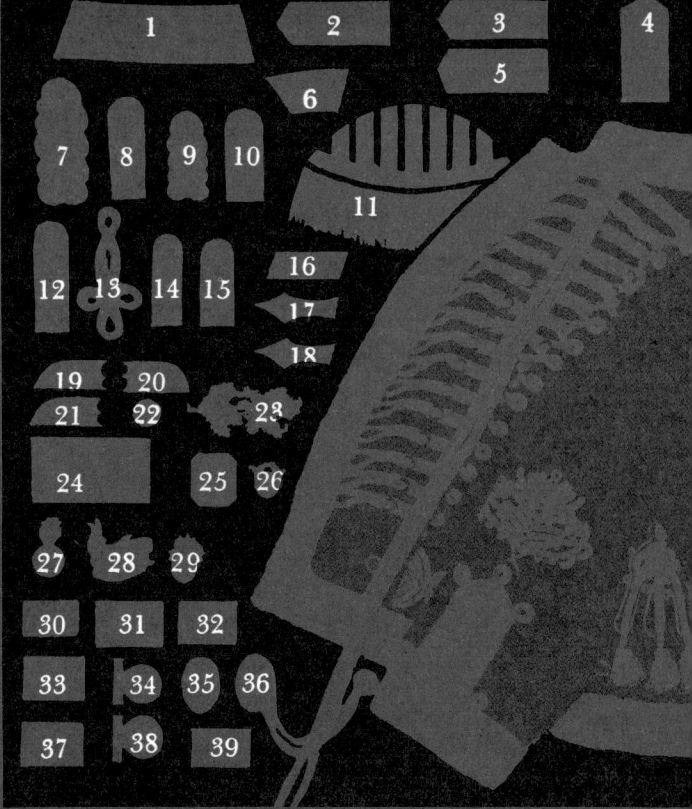